青山 南
Minami Aoyama

60歳からの外国語修行

メキシコに学ぶ

岩波新書
1678

はじめに

六〇歳を過ぎた身で、メキシコにスペイン語の勉強に行った。ほぼ一〇カ月いた。それまでNHKのラジオのスペイン語講座にはなんどか挑戦してはいたが、たいてい、聴くのは四月だけ、ないしは、一〇月だけである。四月開講のを聴きはじめても一カ月もたたないうちに挫折、そして一〇月開講のに再度挑戦するも、また挫折。そういうことを何年も繰り返していた。

考えてみれば、スペイン語がしゃべられている光景を生で見たことがなかった。ラジオ講座やときどき観るスペイン語圏の映画で耳にするだけだから、じっさいにしゃべられている言語だという実感がなかった。それが学習に弾みがつかない理由ではないか、と考えたりもした。

そこで、ラジオで挫折を繰り返していたあるとき、スペイン語が生でしゃべられている現場に身を置いてみたいと思い、キューバに一〇日ほど旅した。発作的な個人旅行である。さっぱりわからなかった。肩がこった。でも、スペイン語をしゃべるひとたちの存在は確認できた。

その翌年の二〇一〇年である、メキシコに一〇カ月滞在したのは。単身で、ホームステイである。場所は中部にあるグアダラハラというメキシコでは二番目に大きな都市。ここでもたしかにみんながスペイン語をしゃべっていた。スペイン語の教室には日本からの若い留学生もいたので、日本語もけっこうしゃべったし、若いかれらとしゃべるのは、六〇歳をこえた者には楽しくもあった。かれらは日本の大学でスペイン語を勉強してきていてよくできるから、ずいぶんたくさん教えてもらえて、それも楽しかった。しかし、肝心のスペイン語が自分に身についたかどうか、それはよくわからない。でも、メキシコにすっかり魅了された。

帰ってから六年後、再度、メキシコを訪ねた。こんどは三週間の勉強である。やはり単身のホームステイで、場所は南部のオアハカ。細く長く千切れるチーズと、メスカルという酒で有名な小さな町である。すごい少人数のクラスに仰天、というか緊張した。肩はこった、というか、がちがちになった。スペイン語がまったく身についていないということか。情けない。

でも、また勉強に、というか、勉強という名目でメキシコにきっと行くだろう。勉強という名目だと行きやすいし、それに、後述するが、勉強しながらの観光というのは、いろいろとお得な旅のしかたなのである。

というわけで、いまなお修行中の身なのだが、修行中という立場はけっこう快適である。なにごとであれ、結果よりも過程のほうが楽しくておもしろい。

目次

I　修行前

やっぱり、やってみよう

アメリカ小説の翻訳と紹介をおもに仕事にしていたぼくが、スペイン語も勉強しておいたほうがよさそうだ、と最初に思ったのはいつごろだったろう？　かなり前のことで、一九八〇年代の半ばあたりだったのではないか。まだ三〇代だった。

語学はもとより嫌いではなかったが(努力するのは苦手)、多言語をものにしたい、という気持ちからスペイン語も勉強したい、と思ったわけではない。つぎつぎとあらわれるアメリカ小説を追いかけているうちに、スペイン語も多少は知っていたほうがいいかもしれない、と考えはじめてきたのがきっかけである。

あまりにも馴染んでしまっているのでうっかりすると気がつかないが、アメリカのあちこちの地名にはスペイン語がまぎれこんでいる。ロサンジェルス(Los Angeles)、ラスベガス(Las Vegas)、サンフランシスコ(San Francisco)、サンノゼ(San Jose)とか、どれももとはスペイン語だ。そういったスペイン語由来の地名はアメリカの西部や南西部にとくに多いが、それもそのはず、かつてそのあたりはメキシコの領土だった。テキサス(Texas)ももとはメキシコの領土だったが(スペイン語だと「テハス」と発音する)、西部への進出をすすめていたアメリカ人たちが勝手に侵入していってテキサス共和国を建国、そして逆にそこにメキシコが侵入しようとしているということで、まもなくアメリカはメキシコとの戦争を開始し、結果的に、テキサスはもとより、現在のアリゾナ、ニューメキシコ、ネバダ、ユタ、カリフォルニア等々をふくむ土地をアメリカの領土として奪い取ったのである。一八四六年から四八年にかけてのことだ。これでメキシコは領土のほぼ半分を失った。

このときリンカーンは若い下院議員だったが、「国中が勝利に沸くなか、こうしたあくどいやり方を「防衛と言いながら実は侵略で、憲法違反だ」と議会で指摘(中略)、このために彼は、アメリカ国民の人気を失ってしまった」(伊藤千尋著『反米大陸』)。

そして、これはたして偶然のなせるわざなのか、両国の講和条約がかわされるわずか一週間前にカリフォルニアで黄金が発見され、一八四九年には、「フォーティナイナーズ(四九年者たち)」と呼ばれることになるアメリカ人たちが黄金を求めて殺到した。いわゆるゴールドラッシュである。

「メキシコは領土も金も、アメリカにむざむざ手渡したことになる。／メキシコでは、アメリカによるこの一連の侵略を、「第二のメキシコ征服」と呼ぶ。メキシコ史における最初の征服は、スペインの征服者コルテスが、先住民の国家アステカ帝国を滅ぼし、支配下に置いたことを指す。それに次ぐ、大規模な征服だ。スペインによる最初の征服は、領土よりも、土地から産み出される銀の略奪が目的だった。一方アメリカによる二度目の征服は、土地そのものの略奪である。」(同前)

もっとも、一六世紀前半にスペインがメキシコから奪ったのは銀だけではない。言語も奪い、スペイン語を強制した。いや、メキシコだけではない。中米から南米にかけてスペイン語が話されるようになったのは、一六世紀のスペインの侵略の産物である。

そんな背景があるから、アメリカの西部や南西部にはもとよりメキシコ人は多い。かれらはチカーノ(Chicano)と呼ばれてきた。「メキシコ人」は、スペイン語では「mexicano」で「メヒカーノ」と発音するが、英語風に発音すれば「メキシカーノ」である。そんな英語的発音の後ろ半分を切り取ってできた語が「チカーノ」である。ランダムハウス英和大辞典によれば、この語は「必ずしも軽蔑的ではないが、一般にはMexican-Americanが好ましい」とある。そういう微妙なニュアンスをもった語になっている。

アメリカ文学には、そんなメキシコ系アメリカ人がつくってきた文学もあり、チカーノ文学と呼ばれてきた。英語で書かれていて、随所にスペイン語が混じっていたりする。でも、どうしても西部や南西部がおもな舞台となってくるので、アメリカ文学としてはローカルな文学のあつかいをうけてきた。フォークナーやカポーティの文学もしばしばミシシッピやアラバマといった南部のローカルな文学のあつかいをうけてきたようにである。そしてぼくはというと、南北戦争で敗けた南部の文学には興味をそそられていたが、アメリカ・メキシコ戦争で敗けた西部と南西部の元メキシコのチカーノ文学にはそんなに関心をもたずにきたのである。

だから、スペイン語を勉強しておいたほうがいい、と思ったのはチカーノ文学のせいではない。メキシコ人のチカーノ文学とはべつなところで、アメリカの小説のなかにスペイン語が進出しはじめてきているのに気がついたから、あわてた。スペイン語があらわれるのはチカーノ文学というローカルな文学のなかだけのことだ、などと言っていられなくなったのである。

一九八九年のことだが、ぼくもその短編のいくつかを翻訳していたアメリカの作家のT・コラゲッサン・ボイル(アイルランド系である)が日本に来たときだ。かれの作品にもスペイン語がちらほら姿を見せるようになっていたので、名古屋のアメリカン・センターでの講演のあと、ビアガーデンでだったか、スペイン語はしゃべれるのか、と試しに訊いた。

「ああ、しゃべれる。数年前に特訓してマスターした。簡単だよ」

そのなんともあっさりした返事にショックをうけた。かれはカリフォルニア在住の作家だから、スペイン語は身近なものだったのかもしれないが、それでも「特訓してマスターした」ということは、そんな必要があったということであり、スペイン語がアメリカの生活風景のなかに深く入りこんできているからだろう、とうけとめた。

そして、一九九一年、やはりその短編のひとつを翻訳したこともあるジョン・セイルズ(アイルランド系である)が出した新作にびっくりした。タイトルからしてスペイン語なのである、『Los Gusanos(うじ虫たち)』。

舞台はマイアミで、カストロの革命の後にキューバから亡命してきたキューバ人たちの話である。故郷をなつかしみながらカストロに恨みをもつ者たちの秘かな陰謀を描いたものだが、一ページ目からスペイン語が登場する。「Bueno. Y la muchacha?」「No la conozco.」

しかも、スペイン語についての説明などなく、スペイン語がぽんと無造作にあらわれる。その作品が出たとき、ある書評家は、この小説はスペイン語の勉強にもうってつけだ、と書いていた。それを真に受けて入手したのだが、やはり無理だった、どさどさ出てくるスペイン語にはすっかりまいってしまった。セイルズは、映画も何本も撮っている多才な作家で、その耳のよさには定評があり、台詞を書かせるとうまい、と言われてきた。そんなかれが作品のなかにスペイン語をぽんぽん出してくるということは、アメリカの風景のなかにスペイン語が混じるのがすごく自然になっているということなのだろう。それがわかってなお、おおいに困った。

気分的にいよいよ追い詰められたのは、その翌年の一九九二年、ロサンジェルスで開かれた大きなブックフェアを見物に行ったときだ。アメリカがスペイン語に占領されつつあるのをこの目で、というか、この耳で確認した。泊まったダウンタウンのホテルのレストランのカウンターで食事をしていると、周囲からはスペイン語しか聞こえてこなかったのである。

それればかりではない。そのときのブックフェアでは、中南米に故郷をもつ作家や詩人の講演やシンポジウムがいくつもおこなわれていた。つまり、事態はさらに進展していたのである。ボイルとかセイルズが書く作品にスペイン語が混じってきたどころではない。西部や南西部のチカーノのメキシコ人だけではなく、もっと広範囲の中南米から来た面々がアメリカの文学界に着々と進出しはじめていたのだった。いちおう英語で書いてはいるものの、故郷や親族のことなどを書くことが多いので、スペイン語が混じるのもとうぜんの現象になってきていたのである。

一九九四年、アメリカの大手出版社のランダムハウス社は「ヴィンテージ・エスパニョル」

なる叢書をスタートさせている。スペイン語の書籍の刊行である。中南米のスペイン語圏の作品をスペイン語のままで刊行するほか、英語で書かれた作品の数々のスペイン語訳を出しはじめたのである。英語よりもスペイン語を得意とする読者が増えてきたことを見据えての発刊であるのは明瞭だった。

そして二〇〇〇年。

その年のアメリカの国勢調査は、アメリカの風景ががらりと変わったことを裏付ける数字をはじきだした。アメリカに住む中南米人は「ヒスパニック」とか「ラティーノ」と呼ばれはじめていたが、その数が、それまでは最大のマイノリティだったアフリカ系、すなわち黒人を追い越したのである。

「全ヒスパニック系人口は三五三〇万人強で、全人口の一二・五%をしめている。従来最大のマイノリティであったアフリカ系の一二・三%を上回り、現在ではヒスパニック系住民が米国最大のマイノリティと化している。ちょうど一〇年前の一九九〇年の国勢調査では、ヒスパニック系人口は二二三五万四〇〇〇人であったので、この一〇年間の増加率は約五八%である。一世帯あたりの子どもの数の平均は、ヒスパニック系が二・五人で、白人の一・八人より多い。ちなみにこの国勢調査には不法労働者は含まれていない。二〇〇一年のデータでは、八〇〇万人の在米不法労働者が見積もられており、その大半がヒスパニック系、特にメキシコの人たちである。これも一〇年前の推定では三五〇万人であった。」（大泉光一ほか編著『アメリカのヒスパニック＝ラティーノ社会を知るための55章』）

いきおい、英語のなかにスペイン語が混じるという現象もおきていて、それは「Spanish＋English」で「Spanglish（スパングリッシュ）」と呼ばれるようになっていた。二〇〇三年に『Spanglish: The Making of a New American Language（スパングリッシュ――新アメリカ語の誕生）』をまとめたイラン・スタバンスは、刊行直後のインタヴューで、スパングリッシュについてつぎのように語っている。

「いっぽうの言語からはじめて、途中でもういっぽうの言語に切り替える、そしてまたもどり、また切り替える。ないしは、新語をつくりだす。ないしは、いっぽうの言語で考えてもういっぽうの言語で話す。とてもクリエイティブでジャズ的になるんです、いまのアメリカでラティーノでいるってことは。」（「PBS」ウェブサイト）

つまり、話すときに英語とスペイン語がごちゃまぜになったりすること、ないしは、新語をつくりだすことなどをまとめてスパングリッシュと呼んでいる。しかし、「ジャズ的」ということは「即興的」ということでもあるから、スパングリッシュはバラエティに富んだ自由な話しかたでもあり、決まった文法のある言語と呼べるようなものにはまだなっていないということだ。新語のなかでもっとも共有されているもののひとつに「migra（ミグラ）」があるが、これは「国境警備隊」「入国管理局」という切実な意味をもった言葉だからだろう。

ともかく、スペイン語を話すひとたちの激増でスパングリッシュというおもしろいものまで生まれてきていたのである。スパングリッシュを理解するためにも、やっぱりスペイン語は勉強したほうがよさそうだぞ。

そういう結論にたどりついた。

キューバで肩がこる

手軽に外国語を学ぶ方法といえばNHKの語学講座があるから、ラジオのスペイン語の講座に飛びついた。しかし、情けないかな、聴いたのは四月だけ、ないしは一〇月だけである。四月開講のを聴きはじめても一カ月もたたないうちに挫折、そして半年たつと気持ちも新たに一〇月開講のに挑戦するも、またまた一カ月そこそこで挫折。そういうことを何年も繰り返すことになった。

学んだのは、いくつかのあいさつの言葉と、動詞の変化くらいで、動詞の変化は風呂で暗誦したりもした(一カ月だから、変化は現在形より先に進まなかったが)。しかし、学校の勉強じゃないから試験もなく、どのくらい向上しているのかわからない。励みになるものがない。それに、なにより、使い道がない。このニッポンで、いったいだれに向かって、スペイン語で「hola(オラ)」なんてあいさつしたらいいのか。

そのうち、おのれの持続力のなさは棚にあげて、ハッと気がついた……スペイン語がばんばん話されている風景が見えないから、スペイン語を話すひとたちがまわりにいないから、もしかすると、学習に弾みがつかないのではないか。ボイルやセイルズがスペイン語を勉強できたのも、まわりにスペイン語を、あるいはスパングリッシュを話すラティーノたちがたくさんいたからではないのか。

スペイン語が話されている現場に行けば、励みになって、モチベーションもあがるかもしれない……

そこで二〇〇九年の春、いきなり、キューバへの旅を決めた。

なぜキューバなのかというと、『ブエナ・ビスタ・ソシアル・クラブ』という映画を観ていたから。冒頭の、ミュージシャンのライ・クーダーがサイドカーに息子を乗せてバイクで海沿いの道を走っていくシーンに魅了されていた。その道が「マレコン(malecón／海岸通り)」と呼ばれるものであるのは後に知ることになるが、首都ハバナの大きな通りである。海に面しているために大きな波が打ち寄せると、ときには水をかぶる。映画では、その水飛沫がことのほかうつくしいので、それをこの目で見たいと思ったのである。

ネットで調べてみると、三月にサンティアゴ・デ・クーバでペペ・サンチェス音楽祭というのがある。それを観に行くことにした。ハバナのマレコンの水飛沫が見たい、というか、スペイン語が話されている場所に身を置いてみたいだけのことなのだから、ハバナからかなり離れたサンティアゴ・デ・クーバまでわざわざ出かける必要もないといえばないのだが、せっかく出かけていくのだからすこし足を伸ばしてみようか、と観光客としての欲が出てきたのである。

ペペ・サンチェスはキューバの音楽のひとつであるtrova(トローバ)を一九世紀にはじめた「トローバの父」とも呼ばれている人物だが、そんなことを知ったのも、トローバという言葉を聞いたのもこのときが初めてである。サンティアゴ・デ・クーバにはそのトローバを聞かせる、また、その音楽に合わせてみんなが踊る「トローバの家(La Casa de la Trova)」なるものがあると知ったのももちろんこのときが初めてだが、後日、その「家」で、ふくよかな女性と踊るいかにも粋でおしゃれなじいさんに「見てないでおまえも踊れ」と誘われてこっちもいっしょに踊る、というか体を動かすことにもなったのだから、けだし、旅というのはおもしろい。

しかし、踊っていたとき、じつは、肩こりがひどかった。後ろをふりむくのにも、回れ右をするように体ぜんたいを回さなければならないほどだったから、踊るのなんか、もう大変。もともと固い体が、肩こりのせいでガチガチになっていた。

肩こりには、ハバナで念願のマレコンを、ココナッツのかたちをした観光客向けのココ・タクシーなる珍奇な黄色い車で走っていたときも悩まされていた。「マレコンをずーーッと走ってくれ」というこちらの注文に「ずーーッと？ 長いなあ」と応え、「いっそ、二時間、観光しない？」と売りこんできた陽気な運転手だったが、ビービービーとやたらとホーンを鳴らす。なにをしているのかと思ったら、歩いている女性に、こっち向いてよ！ と注意をうながしているのだった。「ヒヒヒ」とうれしそうに笑いながらビービービーとやる。そして、女性が顔を向けてくれると、「ボニータ！」とわめく。おかげでぼくは、おもいがけず、ボニータたちを、二時間、つぎつぎまじまじとながめる快楽に浴しながら、「bonita（ボニータ）」は「かわいいねえ」のほめ言葉であるのを学んだのだった。しかしそんな愉楽のなかにあっても、肩は肩こりで痛いほどだった。

ハバナに着いたのは、ワールド・ベースボール・クラシック二〇〇九のキューバ・日本戦が終わった直後である。松坂大輔の大活躍の前でキューバは〇－六で大敗。おかげで、ハバナでもどこでも、こっちは「マッサカッ」と声をかけられたり、「日本、つよいね、キューバ、弱い」と大もてだったのだが、じつは、そんなときもこっちはすごい肩こりで苦しかった。

キューバといえば、ヘミングウェイである。だから、定宿にしていたハバナのホテル（アンボス・ムンドス）や入り浸っていたレストラン（ラ・ボデギータ・デル・メディオ）にはもちろん出かけていった。ハバナの郊外にあるフィンカ・ビヒア(Finca Vigía)、すなわち「絶景荘」なる名前をもつ豪邸も見学に行った。動物の頭の剝製がいくつも壁にかかっている広々とした母屋のとなりには小ぶりの四角い塔があり、そこがかれの仕事部屋だったが、生前にインタヴューをしたジョージ・プリンプトンによれば、ヘミングウェイは仕事はベッドルームでするのが好きで、「塔の部屋に昇るのは「登場人物たち」に促されたときだけ」(青山南編訳『パリ・レヴュー・インタヴューII　作家はどうやって小説を書くのか、たっぷり聞いてみよう!』)。ヘミングウェイの猫好きは有名だったが、その塔は猫たちのかっこうの遊び場になっていたらしい。塔は昇ることができたので狭い急な階段から昇ってみた。青い海が目の前にひろがって、まさに絶景が望めた。しかし、そのときも、ぼくの手は肩を揉んでいた。

キューバの宿はすべてキューバ旅行が専門の日本の旅行社を通して予約していった。でも、サンティアゴ・デ・クーバの宿は、着いてみたら、ペペ・サンチェス音楽祭の会場からは遠く離れていて、とても歩ける距離ではない。音楽祭が夜にまでつづくものであることは知っていたから、音楽祭の会場の真ん前の瀟洒な白いホテルにダメモトで空きがないか訊きに行った。当然のように、ない。しかし、お向かいの旅行社で訊いてみれば、とホテルのフロントは助言をくれた。

出かけていくと、旅行社のふくよかな女性が、「うーん」と長いこと唸った末に、「ホテルはないけど、わたしの知り合いの家に泊まってみる？　すぐそばだけど」と言った。値段も安い。「お願いします」と言うと、彼女はすぐに電話をかけた。そのかんじはなんだか、ねえねえ、いいカモをつかまえたよ、あんたの家に泊めてあげてよ、小遣い稼ぎになるんじゃない、と言っているみたいである。なにしろ、ぼくと話しているときは英語だったが、電話はスペイン語でやっているからこっちにはまったくわからない。となると、どうしたって疑心暗鬼になる。

まもなく、いかにもやりて風のおばさん（といっても、ぼくのほうが年長）が登場。じゃあ、行きましょうか、とぼくを外へ連れだした。

「casa particular（カサ・パルティクラール）」と呼ばれる民宿がキューバにはあり、おばさんの家がそのひとつだと知ったのはそのときである。タクシーを呼んでもらって、遠い宿に置いてきた荷物を回収しに行き、おばさんの家で夕飯を食べた。食事付きの宿泊ということでお願いしたのである。音楽祭の会場まで、そこからだと歩いて五、六分。深夜になろうが楽々歩いて帰れるとひとりで出かけていったが、音楽祭がはじまってからまもなく、ふと気がつくと、円形ステージをはさんだ反対側の座席におばさんとその亭主がすわっていて、ぼくに手を振った。「わたしたちも観にきた」と、音楽祭が終わると、ぼくのところに近づいてきておばさんは言ったが、音楽にそんなに関心はなさそうなおばさんである。夜間にひとりで人混みに出ていったぼくの身を心配して、見守りに来てくれていたのである。三人並んでしっとりとあたたかい夜道を家に向かうときは、哀愁ただよう音楽のおかげか、おばさんの気遣いのおかげか、しつこい肩こりもなんだかあまり気にならなかった。

キューバにいるあいだ、肩こりが、強弱の差こそあれ、つねについてまわっていたのは、みんながなにを言っているのかがわからない、言いたいことが言えない、そんな鬱屈、というか、緊張のせいだったろう。二〇代の若い頃、ぜんぜん言葉のわからないソビエト(当時)やポーランドやチェコやハンガリーをひとりで旅したことがあるが、あのときは肩こりなどなかった。おなじように緊張はしていたが、肩に痛みなどかんじなかった。だから、年齢《とし》のせいなのだ。六〇歳にもなろうという身で、言葉のわからないところに来たから、緊張が、若いときのようには簡単にほぐされないまま、凝り固まっていったのである。

キューバへはカナダのトロント経由で出かけたのだが、トロントにもどると、肩こりは、呆れるほど、きれいに消えていた。スペイン語がわからないことから来る緊張が解けていたのである。体の、なんと正直なことか。

キューバでは、しかし、日本語を学習しているキューバ人の老人に偶然会って、おおいに刺激をうけた。

ヘミングウェイの豪邸に出かけていった帰り道、コヒマルの村に寄ったときだ、車椅子にのった片脚の老人に呼びとめられた。『老人と海』にゆかりのあるその村の一角にはヘミングウェイの胸像が麗々しく建っていて、それはどう見てもちっぽけなのだけれど、そこにその老人はいて、いきなり話しかけてきたのである。

「アカサタナハマヤラワ」

「……」

五十音？ と気がつくのにすこし時間がかかった。「ワタシ、ニホンゴ、ベンキョー、シテマース」とつづけて日本語で言ったので、勉強している証拠に五十音のあ段を言ってみせたのだとわかった。でも、「ワタシ、ニホンゴ、ベンキョー、シテマース」と言うだけでもう勉強しているのは十分わかるわけだから、なにもあ段を言う必要はないだろう、それなのに敢えて言うとは！

五十音表がぼくの目に見えてきた。

そうか、この老人は部屋の壁に五十音表を貼って、日々、発音練習に励んでいるのだ。そして、ヘミングウェイ詣でにやってくる日本人たちを相手に、日本語力に磨きをかけているのだ。

老人の目は鋭くて、血走っていた。毎日、睡眠を削ってがんばっているのかもしれず、義足こそつけていないが、憎き白鯨を追う執念のエイハブ船長の気迫があった。

車椅子を押していた男に、カンパを、ともとめられると、すっかり迫力に負けて、ぼくはカンパしていた。

凸凹の『オン・ザ・ロード』

メキシコには、キューバに行く二年前の二〇〇七年に、ほんの数日だが、一度行っている。ただし、それはスペイン語をもとめての旅ではなかった。

ジャック・ケルアックの『オン・ザ・ロード』の新訳を出したことに注目してくれた『エスクァイア日本版』が、小説のとおりに車で走ってみませんか、と誘ってくれたので、ありがたく話に乗ったのである。

『オン・ザ・ロード』は北アメリカ大陸を車で移動しまくるのが魅力のひとつにもなっている作品だが、ぼくらが選んだのは小説の後半に出てくるルート。アメリカのコロラド州のデンヴァーを出発してテキサス州のラレードで国境を越えてメキシコのヌエボラレードに入り(一六〇〇キロ)、そこから一気にメキシコシティに向かう(一二〇〇キロ)というものである。

とんでもない強行軍だったが、アメリカから入っていっただけにアメリカとの落差が強烈で

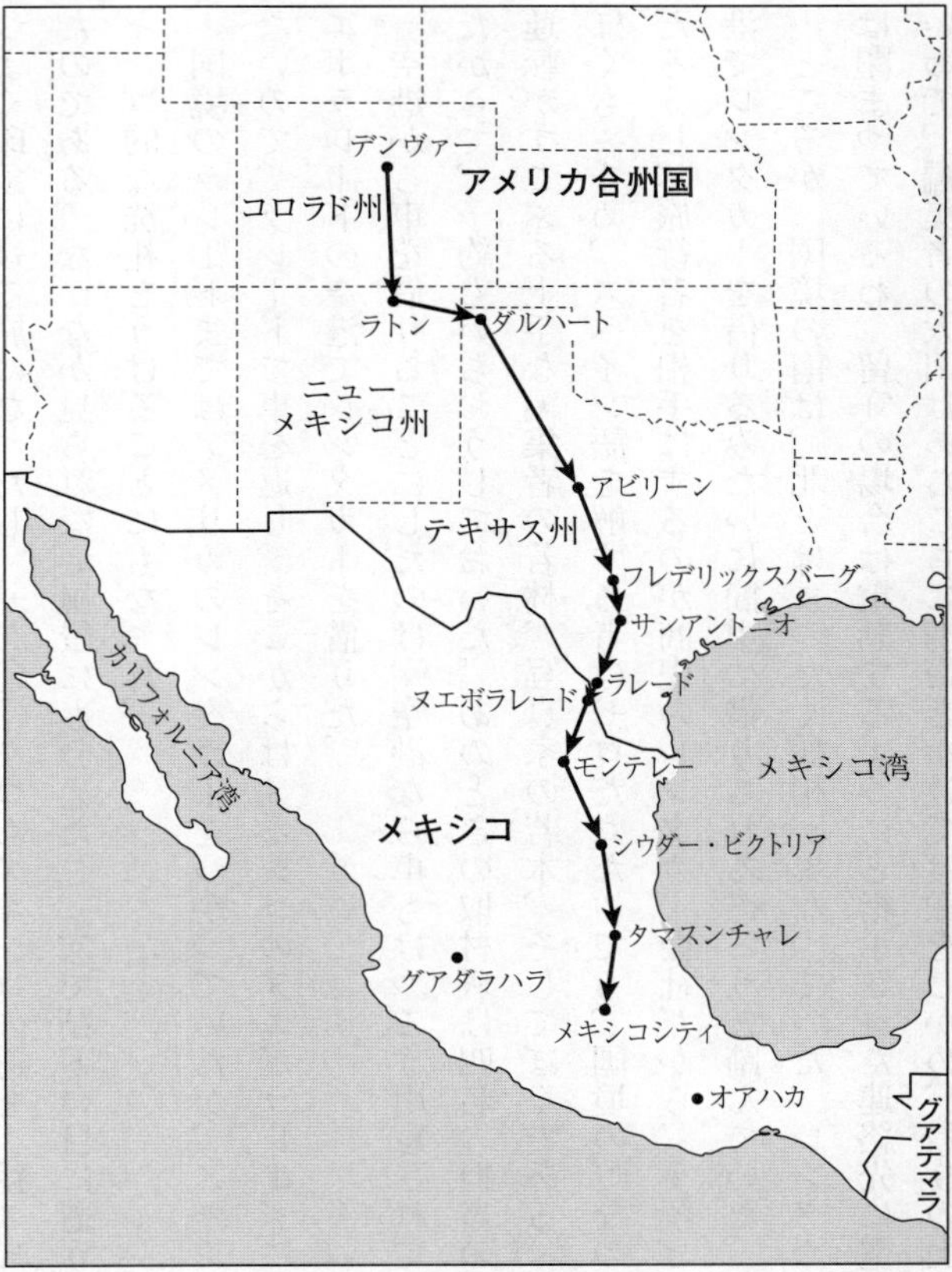

『オン・ザ・ロード』でのデンヴァーからメキシコシティまでのルートは，アラスカからチリの先の先まで南米アメリカ大陸をつらぬくパン・アメリカン・ハイウェイの一部である．距離の単位はアメリカでは「マイル」，メキシコに入ると「キロメートル」に変わる．

つよく印象に残る旅になったし、一二〇〇キロもメキシコの道を、猛スピードとはいえ、走ったのである。なかなか見られない風景にも会えたし、穴でひどい目に遭うという、すこぶるメキシコ的な洗礼をうけることにもなった。

国境のラレードまではアメリカのレンタカーをつかっていたが、メキシコまでは貸してくれないので、ラレードで車を返し、そこからはメキシコのヌエボラレードにタクシーで入り、ヌエボラレードの空港でレンタカーを借りた。

空港から車を借りることにしたのは、空港なら車もけっこう用意されているだろうと判断したからで、予約もいちおうしておいた。あのときの取材班は四名。担当の編集者の太田、車の運転がすこぶる上手な編集者の若林、写真家の若木、そしてぼくである。四人のメンバーは、ぼくもふくめ、スペイン語を解する者はゼロだった。でも、国境の町なのだから英語は通じるだろうし、旅行者を相手にするのが商売のレンタカー会社だから、手続きなど、アメリカの空港でレンタカーを借りるみたいに簡単に借りられるだろうと踏んでいた。

ところが、国境の南は、北とはまったく様相が異なっていた。レンタカー会社のカウンターは閉まっているわ、留守の場合は電話するようにと指示された連絡先に電話しても埒はあかないわで、編集者の太田はあちこちに携帯をかけては顔をしかめ、残りの面々は、前日まで国境の北で数日間長距離を車で快走しつづけていたことがまるで夢であるかのように、空港周辺のなにもないに等しい平坦な風景を黙ってながめていた。交渉の最前線に立たされた太田は必死だったろうが、少なくともぼくは、最初こそ少しはイライラしたものの、時間がどんどんたっていくにつれ、そんなイライラも鈍化、しだいに、これがメキシコ的な時間なのかもしれない、というのどかな穏やかな気分にもなっていった。

ようやく車が到着したのは、なんと、およそ半日後。そこまで待たされると、四人のだれももう文句を言う気もなくなっていた。よーし、行くか、と、それぞれ、すわりこんでいた場所からのそりと立ち上がり、車に乗りこんだ。

常識では、というか、前日までアメリカのコロラドとテキサスを快走していたぼくらとしては、空港から出ていく道路は整備されていると勝手に思っていた。じっさい、道路は広々として、見たところはいかにも快適そうだ。ハンドルを握った若林は、飛ばしますよ、と言った。潰された半日分の時間をとりもどさなければいけない。

ところが、そんな道路に出てまもなくだった、若林が「ごめん!」と叫んだかと思うと、車が穴に落っこちていた。かなりでかい穴で、「出せる?」と思わず訊いてしまったほど、車体は傾いていた。穴は深く、エンジンを何度もふかしてやっと抜け出せた。

そしてじきに知ることになるのは、道路のあちこちに穴があいているということ。大きさや深さはいろいろだが、そこかしこに穴がある。若林は、最初は、あッ、また穴だ、などとおもしろがっていたが、そのうち、つぎつぎと穴が出現するので、路面をひたすらにらみつけ、無言になった。集中してハンドルを切るだけになった。乗っているぼくらも、車体が急に左右にぐらりと揺れると、穴だな、と静かに了解するようになった。

道路の穴は、どんな道にも、舗装されていようがいまいが、着実にあらわれた。若林はスピードも落とさずにそれらをみごとに切り抜けていったが、それでも、何度か、いきなりスピードが落ちることがあった。徐行しなければ通れないほどの穴が出現するからだ。ある山道では、急停止した。「見てよ」と若林に言われてあらためてながめると、道のど真ん中に巨大な隕石でも落ちたかのようなでつかい穴ができている。土の乾き具合からみてずいぶん前にできたもののようだったから、ほったらかしにされているのだろう。呆然としてしばらくながめていると、やがて、丸太を何本か担いだ男が道の向こうからやってきて、珍しそうにぼくらをチラッと見て、通りすぎていった。アジア人がこんな山のなかにいることが珍しかったのか、それとも、穴のごときにたじろいでいるぼくらが珍しかったのか。

穴は、舗装されていようがいまいが関係なくあらわれたが、舗装された道路にはもうひとつ、車を脅かすものがあった。突起物である。アメリカだと、大きな駐車場の入り口あたりでときどき見かける、コンクリートのかまぼこ状の盛りあがりである。スピードを落とさないでそこを通過しようとすると、ドンと車が持ちあがるから、あわててブレーキを踏む。つまり、スピードを落とさせるための装置だ。

これがメキシコでは、道路上にけっこう不意にあらわれる。運転する若林も、最初はその存在を知らず、突起物にドンと激突し、そのたびにぼくらは文字通り飛びあがった。アメリカだと、このての突起物は派手な色の縞模様で目につきやすいが、メキシコのはポコンと突起しているだけ。脇にその存在を示す看板が地味に立っているが、うっかり見落とすと激突する。道路の穴と突起物。凹と凸。若林は、右に左に凹をよけ、あわててブレーキを踏んでは凸を慎重に渡るという、ストレスが積もるばかりの運転を猛スピードでつづけた。タイヤにもかなりのストレスがかかっていたにちがいない。

夜になりかけた頃、ぼくらの車はその日の目標としていたシウダー・ビクトリア(ここまで五二〇キロ)に着いた。アメリカ系のホテル・チェーンのホリデイ・インが目に入ると、アメリカ的なものに救いを求めるかのように、宿泊はここ、と即決した。ところが、ホテルのエントランスへと車が近づいていったときだ、ホイッスルのような、鳥の鳴き声のような甲高い音がひびきわたった。

警官？　鳥？　メキシコの路上には穴や突起物のほかにもさらに変なものが潜んでいるのか。パンクだった。ヌエボラレードの空港脇の道路で穴に落っこちたタイヤが、ここにたどりつくまでいくつもの凹と凸に耐えてきたあげく、美しい悲鳴をあげてパンクしたのである。もし人気のない山道でパンクしていたら、と思うとゾッとした。よくぞここまでもってくれた、と。

メキシコでは、凹の「穴」は「bache（バチェ）」、凸の突起は「tope（トペ）」といい、いずれもメキシコの道路の名物であると知るのは、それから三年後、グアダラハラに滞在してからのことである。この旅のときは、なんだ、この道は、と不平を鳴らすばかりだった。

ほかにも、途上、とびきり信じられない風景に出くわしてもいた。急カーブの山道で、すぐ下の崖に大きなバスが転落していたのである。「バスが落っこちてる！」という若林の声に外を見ると、ウソだろう、バスが横転している。しかも、人の姿はまったくなく、バスがころがっているだけだ。人間だけ救出してバスは放置したのか。引き上げるのは厄介そうな急カーブの荒れた山道ではあったから、バスはほっとけ、ということになったのかもしれない。

メキシコではバスはけっこう爆走すると知るのも、それから三年後、グアダラハラに滞在してからのことである。

学校を選ぶ

メキシコのどこでスペイン語を学ぶか、を決めるにあたって相談にのってもらったのはインターネットである。「メキシコ、語学留学」と日本語で、あるいは「Spanish language school in Mexico」と英語でググったら、大きそうなものから小さそうなものまで、おもいのほかたくさんの学校がでてきて、しかも、いたるところにあった。

どこにしたらいいか、とうぜん、迷った。なにしろ、こっちは、スペイン語についてはもちろん、メキシコについてもほとんど知らないのである。『オン・ザ・ロード』の取材で行った数日がほぼ唯一のメキシコ体験だから、道路がひどい、パンクする、バスが崖の下に転がっている、くらいのほとんど偏見同然の情報しかもっていない。しかも、あの旅では、メキシコシティにはわずか一泊しかしていなくて、それも、着いたのは夜で、遅い夕飯を閉店間際のレストランで済ませて寝ると、翌朝早くにホテルをチェックアウトして、午前の便でサンフランシスコにもどったのである。なにもわからない。

てきとうなものを直感的に選んでそのウェブサイトをのぞいて、英語で書かれた学校案内を読んだ。授業風景の写真や、ついている場合は動画を見、クラスの構成と期間と授業料をチェックし、ホームステイのサービスの有無を確認した。

おどろいたのは、授業を一週間単位から用意している学校が少なくなかったこと。つまり、一週間でも二週間でも三週間でも、こっちの希望に対応してくれるというのである。そんなやりかたでちゃんとした授業ができるのか、と不思議におもったが、それは、外国語というとどうしても構えてしまうところがある、生真面目でスクエアな男のなんとも窮屈な感想なのだと知ったのは、メキシコに行ってからである。一週間でもいいからちょっと勉強しておこうか、と外国語にもっと気楽にもっとカジュアルにアプローチしている者たちがたくさんいた。

たとえば、グアダラハラの学校には、ジョシュアというかっこいいアメリカ人の受講生がいた。よく日焼けした体に精悍な顔、よく笑い、よくしゃべり、愛嬌もあるので、休み時間となると、かれのまわりには女たちはもちろん、男たちも集まっていた。歳は二〇代の後半で、バイカーだった。バイクで来ていたのである、アメリカから。

アメリカ西海岸のオレゴン州を出発、南下してカリフォルニア州をぬけ、ティファナからメキシコにはいり、バハ・カリフォルニア州を南下すると、ラパスからフェリーで海をわたって対岸のシナロア州へ、そこからさらに南下して、グアダラハラに着いたのである。一〇日かかったという。

しかし、グアダラハラが最終目的地ではなかった。このあとはメキシコをぐるりとまわってからアメリカにはいり、こんどは北上してカナダに行き、カナダをまわってオレゴンまで一二日で帰るのだと言った。

グアダラハラの学校には、途中、寄っただけなのだった。ぼくが参加していたのは五週間単位の標準の授業だったが、ジョシュアは一週間くらいしかいなかったから、一週間だけ参加できるように特別に便宜をはかってもらったのにちがいない。万事がきっと交渉次第だ。

グアダラハラから六年後に出かけたオアハカの学校にも、ジョシュアに似たバイカーがいた。ただし、こっちはオーストラリアから来ていた。

オーストラリアからどうやってバイクで来たのか、訊かずにいられなかったが、船で来たわけではなく、バイクはロサンジェルスまで空輸したそうである。そこでバイクをピックアップして、細かなルートは訊かなかったが、カリフォルニアから国境を越えてメキシコにはいり、南下してオアハカに来た。しかし、かれもまた、オアハカが最終目的地ではなかった。オアハカの学校の授業に一週間参加したら、グアテマラへ、そしてさらに南へ行く予定だった。バイクが故障したらどうするんだ、とぼくはおもわず訊いてしまったが、職業が車の整備士。なるほど、それならぜんぜん心配はない。

　ジョシュアも整備士だったのか、そのへんのことは訊き忘れたが、ジョシュアにしても、オーストラリアの整備士にしても、メキシコ人たちがたくさんいるなかを連日バイクで走っているのだから、生のスペイン語にはたっぷり触れているだろう。修理のために部品を探したり、道を訊いたりしているうちに、スペイン語に徐々に慣れてもいくはずだ。だったら、それでいいじゃないか、わざわざスペイン語の学校に来る必要はないだろう、しかも、たった一週間なんて。

　でも、きっと、ふたりは逆に考えたのである。メキシコ人たちのなかを（整備士の場合はさらに南米を）毎日走っていくのだから、スペイン語にすこしでも慣れていたほうがいい、と。連日走っていれば、徐々にスペイン語にも慣れてくるだろうが、それにはどうしたって長い時間がかかる。その点、学校なら、集中的にスペイン語の訓練をしてくれるだろうから、短期で慣れる。先生も、手取り足取り、訓練してくれるだろう。それに、どこの学校も先生は英語がつかえるはず。これは利用しない手はない。きっとそう考えてふたりは学校に来たのである。

メキシコのスペイン語の学校の多くが一週間でも二週間でも受講者の希望に応じた授業を用意できるようにしているのは、ジョシュアやオーストラリアの整備士のように、旅をつづけるためにスペイン語に短期で慣れたいという旅行者が少なくないからなのだろう。あるいは、旅のついでにスペイン語をちょっと勉強してみようという旅行者なんかもいるからだろう。文法を一からていねいにじっくり教わるのだけが外国語の勉強ではないのだ、とあらためて知った。習うより慣れろ、とはよく言われるが、短期の授業は「慣れる」ことを教えている。

おまけに、先生から街の情報も聞けるというのはたいへん貴重である。どこの店がおいしいか、どのへんが危険な地域でどのあたりが楽しいスポットか、なにか行事はないか、昨日見かけたあれはなんだったのか……等々。ホテルのフロントはそんな質問にいちいち答えてはくれない。だから、学校は、たとえ短期でも、いや、短期ならなおのこと、重宝なツーリスト・インフォメーションの機能も果たしてくれる。

そればかりではない。ほとんどの学校がホームステイのサービスを用意しているから、それを利用すれば、面倒でリスキーな宿探しもしなくて済むし、滞在費の節約にもなる。

たとえば、ぼくの例だが、メキシコに滞在した一〇カ月の最後の一カ月、南部を旅した。そのとき、チアパス州のサンクリストバル・デ・ラス・カサスの学校で一週間の授業をとった、ホームステイつきで。スペイン語の勉強が目的というよりは、ホームステイにすればなにかと楽だろうと考えてのことである。

年末から年始にかけての時期で、もとより高いホテルはいっそう高くなっていたし、けっこうふさがってもいた。そこで、経費節減にもなるのではとひょいと思いついて、ネットで見つけた学校に、年末から年始にかけて一週間の授業をホームステイ三食つきで設定してもらえるかどうか、メールで問い合わせた。二〇一〇年の年末は二七日が月曜日で、一月一日は土曜日である。授業は月曜日からのスタートが原則だったから、二七日から三一日の金曜日まで授業をうけ、ホームステイだけ前後に数日余分にとってもらえないかという、虫のいい要望をだしたのである。

オーケーの返事が来た。授業は、特注なのだから、マンツーマン。うれしいようなつらいような午前中の三時間が五日つづいた。しかし、普通の家で新年を迎えるという貴重な体験ができたのが大収穫。一二時まではcacahuate(カカウアテ/落花生)とchicharrón(チチャロン/豚皮の揚げもの)という地味ながらもうまいつまみだけをぽりぽり食べながら我慢し、一二時になると、「Feliz año nuevo(フェリス・アーニョ・ヌエボ/新年おめでとう)」と言ってたがいに抱き合い、それからけっこう豪勢な魚料理をいただいた。また、これはまったく偶然だったのだが、ホストファミリーの家のお隣さんの結婚式にホストマザーのはからいで出席させてもらうという思いもかけない機会にも恵まれた。教会の式にも出たし、五、六人のバンドがはいったけっこうおおきな披露宴にも参加した。宴は夜の八時にはじまって朝の二時まで、踊り踊り踊りでつづいた。tequila（テキーラ）も、フレスカというソフトドリンクで割るといくらでも飲めるのだとこの宴で知った。そんなこんなのホームステイ三食付きの料金は一泊につき二三USドル。授業料は一週間で一九五USドル。合計してもめちゃくちゃ経済的である。

六年後にオアハカに行ったときも、おなじようにしたが、このときは二食付きホームステイで一泊につき二四USドル。メキシコでは昼食（comida／コミーダ）が主だし、外食も楽しみたかったので、二食にしたのである。授業料は一週間で一七〇USドル。

（サンクリストバル・デ・ラス・カサスとオアハカの授業料に差があるのは、前者は個人レッスン、後者は集団レッスンだったからである。さすがにどの学校も、授業は最低一週間で、二、三日というのはない。どうしても二、三日しかとれない場合は、そんなに高くないのだから一週間分の授業料は払って「中退」すればいいだろう。ホームステイも最低一週間である。ジョシュアや整備士は、さらに安いホステルかなにかに寝泊まりしていたのかもしれないが、六〇歳を過ぎた身には、やはりね、ホステルでの連泊はきつい。）

しかし、そんな短期授業の存在意義について頭がはたらくようになったのはグアダラハラに九カ月いてからのことで、メキシコについての情報が、道路がひどい、パンクする、バスが崖の下に転がっている、くらいの偏見すれすれのものしかなかった当初は、生真面目にスクエアに、初歩の初歩からていねいにスペイン語を教えてくれる学校がいちばんいいんだとおもい、一週間でも二週間でもご自由にどうぞ、という学校は候補からはずした。それに、そもそも長期の滞在を計画していたので、短期という考えはなかった。そこで、五週間単位の授業を標準の時間割にしているグアダラハラ大学の外国人学習センターに登録したのである。

滞在先は、アパートを探すことも一瞬考えたが(学校にもアパートの用意はあった)、しばらくは食事の心配をする余裕なんかないだろうと踏んで、学校が用意しているホームステイを選んだ。

グアダラハラにしたのは、メキシコ第二の都市だから。第一の都市のメキシコシティは、ちょっとでかすぎる、と思い、はずした。

でも、グアダラハラもけっこうでかく、ぼくはほんの一画をこそこそとぼとぼ動いていただけである。

II　修行中

ホームステイは「天ぷら」から

グアダラハラに着いたのは二〇一〇年の四月末。東京は寒かったが、メキシコは暑かった。初日からホームステイというのもちょっときついかと思い、数日はホテルでこころの準備だと、街の中心部のホテルを予約しておいた。空港からタクシーで、いざ、ホテルへ。

日本でもそうだし、たいがいどこでもそうだが、運転手のほうから積極的に話しかけてくるのでもなければタクシーでは黙っていていい。ホテルの名前を言うと場所は了解しているようだったから、あとはなにも言う必要はないはずだったのだが、なんだか、なにか言いたかった。「おれはここにスペイン語の勉強に来たんだ!」という気負いでもあったのか、「暑いね」と言いたくなった。

ところが……「暑い」というスペイン語が出てこない。代わりに、いままで寒い東京にいたからというわけでもないだろうが、浮かんできたのは「寒い」。frío(フリオ)。さあ、どうする。

言葉をたくさん知っていたほうが知らないよりはるかに有利なのはわかりきっているが、しかし、手持ちの語彙がわずかしかないときは、それで勝負するしかない。ぼくは言った。

「no frío(ノ・フリオ)」

すなわち「寒くない」。文法的にも正しくないようにかんじたし、だいいち、トンチンカンな発言ではある。でも、なにか言いたいという気持ちが大きかった。そこで考えた代替策である。「暑い」とは「寒くない」ということだ。これでいいんじゃないか。運転手はきょとんとした顔でなにか言った。「おたく、どちらから?」とでも訊いてきたのだろうと推量、「Japón(ハポン)」と答えた。日本です。

こうしてメキシコでのぼくのスペイン語修行ははじまった。

「寒くない」は「no hace frío(ノー・アセ・フリオ)」という。「暑い」は「hace calor(アセ・カロール)」。「h」は発音しない。

ホテルには三日いて、来るときの飛行機のなかから読みはじめていたウルグアイの作家、エドゥアルド・ガレアーノの『収奪された大地』の翻訳をひきつづき読んでいた。ベネズエラのチャベス大統領がアメリカのオバマ大統領に読むようにと勧めたラテンアメリカ史の名著である。ヨーロッパがラテンアメリカからいかに多くのものを奪っていったかを細かに語っていくすごい本ですっかり圧倒されていたのだが、しかし、本を読んでいても気がかりでしかたなかったのは、ホームステイを引きうけてくれた家にこちらが到着したことを伝えなければならないということだった。

グアダラハラ大学の外国人学習センターはホームステイ先の情報をメールで送ってくれていた。だから、七五歳と七〇歳の姉妹の家であることはわかっていた。こっちが六〇歳を越えていることを考えての配慮だったのか、そのへんのことはわからないし、べつに気にしてもいなかったのだが、問題は姉妹はインターネットをつかっていないということで、到着の報告は電話で口頭でするしかないのだった。メールなら時間をかけて文章を練りあげることもできるかもしれない。目の前にいてくれるのなら身振り手振りという強力な肉体言語にも頼れるが、電話ではそれもつかえない。

いよいよその家に向かう前日、辞書を引き引き、文案をつくった。それを読みあげることにした。

日本から来ました。青山南といいます。明日一一時に行きます。

そして電話した。英語をしゃべってくれないかなあ、と期待したが、出てきた相手はしゃべってくれなかった。

しかし、「日本」「明日」「一一時」「行きます」は、連呼したせいもあって、ともかく伝わった気配があり、日本人のお客の到着は了解してくれたようだった。

■「明日」は「mañana(マニャーナ)」。「一一」は「once(オンセ)」。「行く」は「voy(ボイ)」。

七五歳と七〇歳の姉妹の家に入居した日に七五歳の姉と初めて交わした会話は忘れられない。リビングの石の床がことのほか固く冷たくかんじられたのは、緊張して体が熱くなっていたからだろう。

こっちが知っているごくごくわずかのスペイン語の言葉をなにかひとつでも言ってくれないものか、そしたらそれを手がかりに話の中身を想定するから、と切ない思いで耳を全開にしていた。

そのとき彼女と話していた(と思われる)事柄は、学校へはどう行けばいいか、彼女たちの生活の時間割はどうなっているか等々、これからの日々の暮らし方の基本となるものについてだった。姉妹はふたりともまったく英語は話さない、というか、話せない様子だったので（嗚呼！）、どの言語でもいいから、わかる言葉が出てきたら、すかさず引っつかもうという体勢でいた。

こっちは六〇歳を過ぎた身だから日本語はいちおう使えるし、英語、それと、大昔に習ったフランス語の記憶も若干ある。いろんな言語は興味深いかたちでかなりつながっているから、似たような音のものは少なくない。たとえばの話、「興味深い」は、英語では「interesting」だが、スペイン語では「interesante（インテレサンテ）」である。音が似ている。フランス語だと「interessant（アンテレサン）」で、さらに似ている。また、「重要な」は、英語では「important」だが、スペイン語では「importante（インポルタンテ）」で、やはり音は似ている。フランス語だと「important（アンポルタン）」で、さらに似ている。

だから、彼女のスペイン語に耳をそばだてながら、知っている言語とつながっているところを音声のなかに無意識のうちにも見つけようとしていた。するといきなり、

「テンプラ」

なる音が聞こえてきたのである。なんだ？

ホームステイは三食付きということになっていた。だから、彼女との最初の話のなかには、

あなたはベジタリアンか、それともなんでもオーケーか、といった質問が入ってきて当然で、そんなことが訊かれていたように思う(たぶん)。まあ、どっちみち、こっちはなんでもオーケー派だから、気にしなかった。食べることが話題になっているらしいのは、食べる仕草を指でしてくれたから、察知できた。身振り手振りはまったく強力な言語である。その流れのなかで、いきなり、出てきたのである。

「テンプラ」

日本語！　メキシコに着いてまもないときだから、まだホームシックにはぜんぜんかかっていなかったが、彼女の口からあふれでるスペイン語の奔流のなかであっぷあっぷしていたところではあったから、とつぜん出現した日本語はさながらでっかい浮き輪で、こっちはそれに飛びついた。

日本食がいまや世界を席捲しているのはご承知のとおりである。代表格は「スシ」で、これはいずれぼくも知ることになるのだが、メキシコでもスシは大人気で、かつ、独自の発展を遂げている。だから、彼女の口から「テンプラ」が出てきたとき、とっさにぼくはつぎのように解釈していた。

……あなたは日本から来た。わたしたちも日本食は好きだ。じぶんたちでも作ったりする。

じつはテンプラが好きで、それも作る、だから、楽しみにしていてちょうだい。あなたはなんでも食べられるそうだから、メキシコ風のテンプラもいつかご馳走してあげます……

天ぷらの存在など知らない者なら、「テンプラ」という音からあのさくさくとしたご馳走を連想することはないだろう。しかし、六〇年以上も日本人として生きてきた人間の悲しい、というか、うれしい、というか、なにかの定めで、ぼくの集中はこの音で、一瞬、途切れたのである。

だが、料理上手の彼女が、その後、天ぷらを揚げてくれることは、結局、なかった。それどころか、やがてわかったのだが、スシとて、日本風のもメキシコ風のも、姉妹は食べたことがなかったのである。ぼくはやがて夏になるとふたりのために日本の素麺を茹でて、キュウリ(のようなもの)を細切りにし、ネギ(のようなもの)を刻み、卵を焼いて錦糸卵をつくり、奇妙な日本名のついたメキシコ製のしょうゆでタレをこしらえて、これがニッポンの夏の人気ランチです、と供したが、ふたりは口をそろえて、ニッポンのものを食べるのは初めてよ、フィデオ(fideo)みたいね、と言った。フィデオとはパスタのバーミセリである。ざくざくと切ったものをスープに入れたフィデオのスープは彼女の得意の料理でもあった。

では、いったい、「テンプラ」とはなんだったのか?

謎が解けたのはずいぶんたってから。あるときふっと、そうか、あのときの「テンプラ」は「テンプラーノ(temprano)」だったのか、と気づいた。意味は「早い」。

入居の日、彼女は、朝早く、とか、夕食は早いほうがいいかい、とか、わたしたちは寝るのは早い、とかいったことを話すなかでその言葉をつかったのだろう。それをぼくは、タモリ倶楽部の「空耳アワー」よろしく、日本語として聴いていたのだ。溺れる者は藁をもつかむのである。

しかし、禍転じて、とでも言ったらいいのかもしれない、「テンプラーノ」というスペイン語は「天ぷら」と結びつけて覚えることとなった。言葉にかぎらないが、なにかを覚えるときはべつななにかと関連づけて記憶するのがいいとはよく言われる。スペイン語の「早い」は、かくして、「天ぷら」とくっついてぼくの頭のなかにはある。

彼女の得意料理だった「フィデオ」の「スープ」という言葉も、ぼくのなかでは、前者はキューバのカストロ首相と、後者は日本の蕎麦と関連づけられている。カストロは「フィデル(Fidel)」という名前で広く知られていた。彼女が、これは「フィデオ」よ、と言ったとき、ぼくの頭にとっさに浮かんだのはたっぷりとしたヒゲ面で太い葉巻をくわえたそのフィデル・カストロだった。フィデオはフィデルとは似ても似つかないけれど、以来、ぼくのなかではふたつはつながっている。また、「スープ」が蕎麦なのは、スペイン語で「ソパ(sopa)」といい、音が似ているからである。もっとも、似すぎているので、レストランで「ソパ」と注文するときなど、頭のなかには蕎麦の絵が浮かんでしかたなかったが。

ちなみに、「蕎麦」を和西辞典で引くと、「fideo」と出てきたりする。まあ、バーミセリだから蕎麦みたいなものではあるけど。

■「早い」の対語の「遅い」は「tarde(タルデ)」。

学校は近いというので、翌日の登校に備えて、さっそく下見に出た。彼女が道を教えてくれた。右とか左とかまっすぐとか言った(のだとは思う)が、道に迷い、結局は学校の住所のメモを参照しながらなんとかたどりついた。途中、あちこちの壁にやたらと長いおなじ言葉があるのに気づいた。

「estacionamiento」

グアダラハラに着いて真っ先に気になった言葉のひとつである。辞書は持っていなかったが、つぎつぎとあらわれるのを見ているうちに「駐車場?」と推測していた。ビンゴ。「駐車場」

だった。「エスタシオナミエント」。

これからはこうやって言葉を認知していくのかもしれない、と思った。

「右」は「derecha（デレーチャ）」。「左」は「izquierda（イスキエルダ）」。「まっすぐ」は「derecho（デレーチョ）」。「右」と「まっすぐ」が似ていてよく迷う。

最初の作文は犬

初日はクラス分けの簡単なテストがあったが、ぼくにはまったく簡単ではなく、NHK講座の一カ月の繰り返しはとうぜんのようにほとんど役に立たず、かろうじて覚えていた単語をつかって答案の余白にむなしくこんな文章をひとつだけ書いた。

Hay muchos perros.（アイ・ムチョス・ペロス）

意味は「犬がたくさんいる」。

どうしてそんな文章を書いたのかはよくわからない。

グアダラハラに来る前に黒沼ユリ子の『メキシコからの手紙』を遅ればせながら読んでいたからか。一九八〇年に出た本だ。黒沼が著名なバイオリニストで、メキシコシティに子どものための立派なバイオリン教室を設立したことは知っていたから、メキシコで子どもたちにバイオリンを教えることについての本なのだろうと勝手に思いこんでいたのだったが、ぜんぜんそういう本じゃなく、バイオリンのことはほとんど出てこなくて、もっぱらメキシコの田舎の話だった。表紙には「インディヘナのなかで考えたこと」なる副題がついていて、「メキシコの中央部、東北側にあるワステッカ地方の山の中、ウエフットラという田舎町での一年あまりの生活」の報告だった。「インディヘナ」とは「先住民族」のことである。

その本でだんぜん印象に残ったのが、黒沼の息子がメキシコシティから連れていったプードルの話だったのである。都会育ちのかわいいプードルは田舎の野良犬どもからやたらと襲撃されるのだが、いくども襲撃されるうちに変貌していく。

「あらためてクロをながめて見ると、この数カ月で彼も何とたくましくなったのだろう。真珠《ペルラ》という名の、室内育ちのプードル犬の息子とはどうしても思えないくらいだ。ツヤツヤしていた黒い毛は、強い太陽と土ぼこりの中の生活ですっかり荒々しい色になり、キョトンとしていた目には、いつの間にか鋭さも備わっているではないか。」

成長していくんだ、と感心したものだった。と同時に、やっぱり犬が多いんだ、とも思ったのだが、それは、ケルアックの『オン・ザ・ロード』のメキシコの旅でも、登場人物たちが野宿した夜、野良犬がぎゃんぎゃん吠えていたからである。

「とつぜん、闇の奥から犬の激しく吠える声が聞こえ、つづけて馬の蹄のぱかっぱかっという音がかすかにした。それはだんだん近づいてきた。こんな夜にいったいどんな狂ったやつが乗っている？ そのうちいきなり現れた。野生馬が、幽霊のように白く、道を速歩《はやあし》でまっすぐディーンのほうに駆けてくる。後ろを犬たちがぎゃんぎゃんとうるさく追いかけてくる。」

なんだか幻想的な風景だが、もしも夢だとしても、それは野生馬と野良犬をたくさん昼間に見ていたからだろうと思われる。じっさい、ケルアックの旅のあとを追って車でメキシコを爆走した（タイヤもパンクした）二〇〇七年のぼくらの旅でも、道のすぐ脇で白い馬が草を食んでいる風景にはいくつもぶつかったし（野生馬かどうかは不明）、村に入って車を停めかけると、やせた野良犬たちが吠えかかってきた。道はまるでやつらのもののようで、ぼくらの車が近づいていってもなかなか道をゆずらず、かなりそばまで近づいていくと初めて、犬は「なにか？」といった、いかにも不審そうな顔で振り向くような具合だった。山間の小さな町では、道の真ん中で堂々と交尾している犬もいた。

黒沼がいたウエフットラはケルアックの登場人物が野宿した森から地図上では一〇〇キロも離れていない。黒沼がそのあたりにいたのは一九七〇年代の初め、ケルアックがそこにいたのは一九五〇年、ぼくらがそのへんを通過したのは二〇〇七年である。半世紀以上も、いや、もっと前からずっと、そこいらの道はきっと野良犬が我が物顔に走りまわる土地だったのではないのか。

試験場でせっぱつまったぼくが「Hay muchos perros.」と書いたのは、そんないくつもの犬の記憶が無意識のうちにいきなり作動したからなのかもしれない。真相はわからない。ともあれ、それがメキシコでぼくが初めて書いたスペイン語の作文になった。NHK講座の一カ月でも書けるようになる簡単な構文なのである。

翌朝出かけていくと、クラス分けの結果が掲示板にはりだされていて、試験官にはきっと不気味だったにちがいない、意味不明な文章をぽつんとひとつ書いただけのぼくは、とうぜんだろう、「Nivel(ニベル) 1(uno/ウノ)」だった。レベル1である。

「hay」はとても便利な言葉。英語の「there is」「there are」にあたり、単数でも複数でも区別なくつかえる。「muchos perros」は「mucho」が「たくさん」、「perro」が「犬」。名詞が複数だと、それにくっつく形容詞にも複数の「s」をつける。

Nivel 1のクラスの人数は五人で、イギリス人、カナダ人、オーストラリア人、韓国人、そしてぼくである。現役の学生はカナダ人のマーガレットだけで、イギリス人のスティーヴンとオーストラリア人のヒースは三〇歳前後、韓国人のキムは五七歳、ぼくが最年長だった。

キムは会社をすでにリタイアしていた。韓国では定年が早いとは聞いていたが、「もう？」と訊くと、みんながそうだ、と答えたので、あらためておどろく。貿易関係の仕事を長年してきたそうで、メキシコ駐在も長かったらしい。グアダラハラが気に入って、リタイアしたらここに住むと決めていたのだという。そして家も借り、車も買った。メキシコ駐在だったのに、なんでNivel 1なの？と訊いたら失礼だろうからそれは訊かず、どうして韓国に住まないのか、と尋ねたことがある。返事は――

「ソウルはものすごく寒いんだ。寒いのはもうたくさんだ」

結婚していて妻がいるというので、いつ彼女は来るのか、とも訊いた。

「いやがっている。メキシコには来たがらない」

じゃあ、どうすんの？と訊くのはやはり失礼だろうから訊かずにいると、すこし顔をゆがめて「説得しているが、無理だなあ」と言った。数カ月後にキムと会って話したときも、「まだいやがっている」と言っていたからいぜん説得は困難をきわめていたようだったが、「メキシコの女性はきれいだねえ」とも言うし、「これからはペドロと呼んでくれ」とメキシコ名を名乗るし、キムの心にはなにか変化が起きていたのかもしれない。

クラスの先生は小柄でふっくらとした女性で、メルセデスといった。「メルセデス・ソーサとおなじ名前よ」と自己紹介した(らしい)が、みんなの反応がないので、「車のメルセデスと」と言い直した。メルセデス・ソーサはアルゼンチンの歌手で、「人生よ、ありがとう」の名曲があるが、クラスのメンバーにはピンと来なかったのだ。ぼくも、メルセデスが初回の授業でそういうことを言ったと知ったのはずいぶんあとになってからである。

メルセデスは四〇代の半ばくらいだったろうから、ぼくははるかに年上だし、キムだって年上だ。しかし、授業には初回からずっと、

「Hola, chicos.(オラ、チコス)」

と言って入ってきた。「chico」の意味は「こども、少年、青年」である。辞書によると、これに該当するのはせいぜい三〇歳くらいまでだ。だけど、メキシコの教室ではどこも教師はこれを機械的につかうようで、六年後にオアハカに行ったときに通った学校でも、教室には教師よりもはるかに年上の受講生しかいないのに、教師は「Hola, chicos.」と言って教室に入ってきた。オアハカのその教室でいっしょだったぼくとほぼおなじ歳のアメリカ人のルイスは「この歳でchicoと言われるなんてうれしいよ。若くなった気分になれる」と言った。

メルセデスは、教室ではスペイン語よ、とスペイン語で言ったが、なにしろNivel 1である。

ときどき英語が混じった。教師は全員英語はできるのである。

ぼくは『Pocket Oxford Spanish Dictionary』を毎日持って出かけた。「ポケット」と称しているが、一〇五〇ページもある分厚いスペイン語↓英語、英語↓スペイン語の辞書である。教室ではどうせ日本語は通じないのだから、スペイン語↓日本語、日本語↓スペイン語の辞書は部屋に置いていった。教室ではしょっちゅうそれを引いてばかりいたような記憶がある。

メルセデスはスペイン語についてスペイン語で説明する。みんながきょとんとしていると、しかたなさそうに英語で説明しなおし、みんながわかったような顔をすると即座にスペイン語に切り替える。その繰り返し。しかし、受講生は五人である。メルセデスには、だれがほんとうにわかっていて、だれがじつはよくわかっていないかがしっかりわかっているのだろう。よく言われたものだ。

「ミナミ、¿entiendes?（エンティエンデス／わかっている）」

すると、ぼくはこう答える。

「más o menos.（マス・オ・メノス）」

まあまあ、という意味である。じつはよくわかっていないのだが、そう答える。

そういう答えかたを教えてくれたのはオーストラリア人のヒースだった。

一八〇センチを越える長身で、愛嬌のあるダンディな男だった。女性にもかなりもてる雰囲気があって、メキシコ人のガールフレンドのところにホームステイしていた。「つかまえるのが速いね」とすっかり感心して言うと、さすがにここに来てからつかまえたのではなく、フェイスブックで親しくなったので、会いに来たのだという。そして、せっかくだからスペイン語を勉強しようかな、と考えた。授業が終わるとそのガールフレンドとおぼしき女性がロビーで待っていることもよくあった。彼女を訪ねてくるのがメキシコに来た大きな理由だったにちがいなく、学校通いは二の次、宿題はいっさいやってこないし、遅刻も欠席も多かった。

そんなかれにむかって、あるとき、メルセデスが、「ヒース、¿entiendes?」と訊き、それにヒースが「mas o menos.」と答えたのである。メルセデスの問いに絶句しているばかりのぼくには天の啓示で、これは重宝、いただきだ、とよくつかうようになったのである。そのうち、メルセデスのほうが「ミナミ、¿entiendes?. . ¿mas o menos?」と先回りして言ってはにやにやするようになった。

ダンディなヒースは毎日ちがう格好でおしゃれにきめて教室にやってきた。そんなかれのおかげで覚えたもうひとつのスペイン語が pantalón（パンタロン／ズボン）。それから、スペイン語のある約束事の基本も学ぶことになった。いつものように遅刻して教室に入ってきたヒースが前日とも前々日ともちがうスタイリッシュなズボンをはいているのを見たメルセデスが訊いたのである。

「¿Cuántos pantalones tienes?（クアントス・パンタローネス・ティエネス）」

そしてメルセデスは、ヒースの答えを待たずに自分がいま言った文を黒板に書き、「あなたはいくつズボンをもっているの」という意味であることをなんだか上手にやさしいスペイン語でぼくらに理解させたあと、スムースにスペイン語のある約束事の説明をはじめた。単数だと「pantalón」である。アクセントが「o」に来るのでアクセントマークをつける。スペイン語の単語は、通例、後ろから二番目の音節にアクセントが来ることになっているので、こういった例外についてはアクセントの位置をマークで明示する。ところが、複数は「pantalones」だ。マークをつけなくても、後ろから二番目の音節の「o」にアクセントが来る。だからマークは不要。アクセントは後ろから二番目の音節に来るのよ。このことは忘れないで。

こうした説明をメルセデスはいくつもの例を板書しながらスペイン語で（すこし英語をまぜながら）した。その後、アクセントマークのつけかたを考える段になるといつもメルセデスのこのときの授業を思いだすようになった。なにしろ、遅刻してきた色男のズボンを素材にして当意即妙に説明をしてみせたのである。教えかたがうまい、とすっかり感心した。

ヒースは、Nivel 1の五週間を終えると、学校から姿を消した。そして数カ月後、フェイスブックで、いまタイにいる、と言ってきた。こんどは新しいタイ人のガールフレンドのところにきっとホームステイしているのである。タイ語も勉強しているだろう。

音節とは、簡単に言っちゃえば、いわゆる母音のa、i、u、e、oのこと。スペイン語ではこの五つの語の発音は日本語の「ア、イ、ウ、エ、オ」とおなじである。たとえば「hola」は二音節の単語だが、通例どおり、アクセントは後ろから二番目にくるので、マークはない。そして発音はというと、「h」は発音しないので、「オラ」とカタカナ通りに読めばいい。ほんと、これは楽。意味は英語の「ハロー」。

また、スペイン語でなにより楽しい約束事は、疑問文や感嘆文はそれぞれ疑問符と感嘆符で囲むこと。しかも、はじめのほうは逆立ち(!)させる。「¿entiendes?」、「¡hola!」というふうに。躍動しているかんじで、愉快だ。

グリンゴたちの歓声

Nivel 1のクラスにいたのはヒースとキムとマーガレットとスティーヴンとぼくの計五名である。

だから、メルセデスがぼくらのだれかに向かって「エステバン」呼びかけたときは、当初、いったいだれのことなのか、わからなかった。呼びかけられた当人もわからなかったようで、どこからも返事する声はなく、しばし、不在の「エステバン」が教室をむなしくさまよっていた。

メルセデスがスティーヴンを指さした。「エステバン」とはスティーヴンのことだったのである。おとなしいスティーヴン本人もキョトンとした顔になった。名前のこの変化についてメルセデスはとくに説明しなかったから、ぼくは、そしてたぶんスティーヴンもそういうものなのか、とただうけとめた。スティーヴンが「Steven」か「Stephen」かは知らないが、いずれにせよ、スペイン語では「Esteban」になるのである、と。

しかし、そのうちぼくは、この変化からスペイン語のひとつの原理(?)を発見することになる。発見、とは少々おおげさだが、メルセデスにもほかのだれにも教わったことではないので、これはぼくにとっては「発見」である。言葉を学んでいく幼児もきっと自分なりの「発見」をいくつもしながら言葉を習得していくのだろう。

ぼくが発見したのはつぎのようなことである——「st」ではじまる英語の単語は、スペイン語になると「est」ではじまる。

Steven ないしは **Stephen→Esteban**

これだけではなかったのである。

study→estudiar(エストゥディアール)
student→estudiante(エストゥディアンテ)
studio→estudio(エストゥーディオ)
stadium→estadio(エスタディオ)
station→estación(エスタシオン)
state→estado(エスタード)

もっとあるのか、これぐらいしかないのかはわからないが、この原理を適用すれば、単語を覚えるというストレスはいくぶん解消されるのではないか、と喜んだ。そう、「ストレス」の英語の「stress」だって、スペイン語では「estrés」ではないか！

だから、言いたいことが「st」ではじまる英語の単語に相当する場合、とりあえず、「est」に変えて言ってみるということもした。

しかし……

street は estreet?　これは×。

stand は estand?　これは△。

というわけで、発見した原理は普遍的なものではなかったようだが、言葉を覚えたての幼児の言い間違いは、幼児なりに発見したこのような原理に起因するのではないか、とも想像できた。

Steven ないしはStephen はEsteban になるが、英語の「v」が「b」になっているのも注目点。スペイン語では、「v」も「b」も、発音はおなじで、ふたつに区別はない。スペイン語は、単語はローマ字を読むようにカタカナ読みでオーケーだし、「v」も「b」も日本語のバビブベボで読んでオーケ

―である。これは楽。「ven」が「ban」になる事情はわからないけど……

午前中の授業は一時間半のが二コマあり、一コマで切りあげることもできたが、二コマうけることが奨励されていた。二コマ目はNivel 2(dos／ドス)だから、無理なんじゃないかとも思えたが、グアダラハラにはスペイン語を勉強しに来たのである、ほかにすることもないし、まあ、いいか、という気分で登録した。

クラスに出かけてみると、Nivel 1で顔馴染みの面々ばかりで、いないのはキムだけだったが、まもなくヒースもだんだんと来なくなったので、最終的にはマーガレットとスティーヴンとぼくの三人のクラスになった。少人数もいいとこで、語学学習にはぜいたくな環境であるのはまちがいないのだが、受講者たちにとっては息苦しいものであり、マーガレットもスティーヴンもぼくもなにかと無口になったから、教室は静かなものだった。

こっちの先生は三〇代半ばのラウル。すこぶるおしゃれだったが、「ウフフ」とやわらかい笑みをのぞかせながら鋭いことを口にするメキシコ人だった。たとえば、メキシコに多いカトリック信者のこと。カトリックの信者が多いのは一六世紀にメキシコにやってきたスペイン人の侵略者たちがスペイン語ともどもカトリックを強制したからで、先住民たちの寺院を破壊してカトリックの教会を建てていったことの成果なのだが、いつだったか、ラウルは、笑みを浮かべながら、こう言った(のが仕草でわかった)。

「カトリコはつぎつぎとインディオを殺しては十字を切っていた」

カトリックを、スペイン語では、「católico(カトリコ)」というのだが、そう言ったときのラウルの仕草(首を切る、十字を切る)にはどこか気迫があり、浮かべた笑みにも凄みがあった。そして黒板に「agnóstico(アグノスティコ)」と書くと、「ぼくはこれだね」と言った。英語のアグノスティックのスペイン語である。不可知論者である。

とはいえ、ラウルにはけっこう剽軽《ひょうきん》なところもあって、ミナミの時計、いいね、と机のうえにおいていたごくふつうのセイコーのぼくの腕時計をさっととりあげて、自分の腕にはめてしまうような茶目っ気をみせたこともある。いつまでも返そうとしないので、返せよ、とぼくが言うと、というか、仕草でしめすと、「¿Qué?(ケ/なにを)」と訊いてきた。そこで、時計はたしか「reloj」だったなと思いだして、そう答えると、発音が直される。「reloj(レロホ)」は、「r」と「l」という、日本人がもっとも苦手とする音が並んでいるのだから、発音がけっこうむずかしい、ローマ字読みでもうまく対処できないスペイン語のひとつなのだが、遊んでいるようでいて、というか、ふざけているようでいて、じつはしっかりスペイン語の授業をしてくれている凄腕の教師なのだった。

ラウルがメキシコについてのいろんな話をしたりふざけてみせたりしたのは、静寂に支配されかねないぼくらのクラスをなんとか盛りあげようとしていたからでもあったろう。それでもクラスはおおむね静かだったから、べつな教室でおこなわれている Nivel 6（seis／セイス）のクラスのざわめきがよく聞こえてきた。そのクラスにいるのはアメリカの大学からやってきた学生たちの団体で、スペイン語はすでにかなり学んできているから、そのほとんどは Nivel 5（cinco／シンコ）＆ 6 の中級に、何人かは Nivel 7（siete／シエテ）＆ 8（ocho／オーチョ）の上級クラスに入っていた。人数がけっこういるので、学校のほうでもかれら向けの週末旅行などのイベントをいくつか用意していて、それにはかれら以外も参加できるようになっていた。ぼくも、学校に入って二週目の週末には、テキーラへの日帰りバス旅行に、三週目にはグアナファトへの一泊旅行に参加した。テキーラは言わずと知れたメキシコを代表する酒だが、その名称はその産地の町の名前が由来。グアダラハラからはバスで二時間ほどの静かな町である。グアナファトはユネスコの世界遺産に登録されている町で、丘に群がって広がる色とりどりの小さな家々の色彩が印象的なところ。ミイラ博物館なんてものもあって、冗談だろうと思って出かけてみたら、ミイラがどっさり展示されていたのには仰天した。

アメリカの学生たちの団体はそのときたまたまいたわけではない。アメリカの大学の学生たちは、じつは、グアダラハラ大学外国人学習センターのお得意様なのである。じっさい、事務長のハビエルはしょっちゅうアメリカのあちこちの大学に営業にでかけていってはスペイン語研修旅行の勧誘をしていたようだったし、メルセデスも、自分もときどきアメリカに営業にでかけることがある、と言っていた。

以前は、そんなに勧誘に動かなくてもアメリカの大学生たちは語学研修でよくやってきていたらしい。しかし、このところは麻薬カルテルの抗争がいちだんと激しさを加えてきていたので、メキシコへの語学研修を控える大学が増えてお客が減ってきていたのである。なにしろ、アメリカのインターネットの旅行サイトにも、メキシコへの旅行にはくれぐれもご注意くださいといったような注意書きをだしているところもあったほどなのだから。

メキシコの麻薬の消費者はアメリカ人たちである。その昔はコロンビアが麻薬をアメリカに供給していて、一九七〇年代から八〇年代、アメリカに出回っている麻薬を仕切っていたのはコロンビアの最大の麻薬組織メデジン・カルテルだった。そのボスのパブロ・エスコバルは経済誌『フォーブス』の長者番付にのるほどの資産家になっていたし、また国会議員にもなっていた。

メキシコの麻薬抗争を描いたドキュメンタリー映画『カルテル・ランド』のパンフレットに収録されていた年表によると、一九九三年にそのエスコバルが殺されてから流れが変わった。アメリカとコロンビア両政府の圧力でコロンビアのカルテルは弱体化、代わってメキシコのカルテルが台頭しはじめた。

「一九九四年　アメリカ・カナダ・メキシコ間で北米自由貿易協定（NAFTA）が発令する。メキシコ国境の物流量が飛躍的に拡大し、メキシコの麻薬活動も活発化。

一九九七年　メキシコ北東部を縄張りとするゴルフォ・カルテルが、武装部隊セタスを結成。

二〇〇〇年　国民行動党（PAN）のビセンテ・フォックスがメキシコ大統領に選出される、七一年におよぶ制度的革命党（PRI）の独裁的支配が終る。麻薬マフィアと古くから癒着してきたPRIが政権から退いたことで、メキシコ国内の麻薬ビジネスにおける支配の地図が変化する。

二〇〇〇年代前半　セタスとメキシコ北西部を支配するシナロア・カルテルの抗争が激化。

二〇〇五年にはメキシコ国内の組織犯罪がらみの殺人が一五〇〇件を超える。

二〇〇六年　フェリペ・カルデロン（PAN）、メキシコ大統領に就任。麻薬組織に対する戦争を宣言し、ミチョアカン州に軍隊を派遣、次いで北部国境地帯にも派兵。しかしこれが麻薬カルテル間の抗争を誘発し、殺人件数が激増。暴力の嵐が吹き荒れることになる。二〇〇六年から二〇一二年のカルデロン政権下での麻薬戦争に関連した犠牲者は、公式には六万人といわれるが一二万人という数字も出されている。」

ぼくがグアダラハラにいたのは二〇一〇年だから、まさに、麻薬戦争のど真ん中にいたということになる。引いた年表にあるような細かな事実については当時のぼくはほとんどなにも知らなかったが、学校側としては、知っているのではないか、心配しているのではないか、と考えていたのだろう、先生たちは、アメリカと国境を接する北のほうはなにかと物騒だが、ここはだいじょうぶ、としきりに言っていた。東西南北のなかで「norte(ノルテ/北)」という言葉を真っ先に覚えることになったのも、そのせいである。

あるとき、Nivel 6の教室からドッと歓声があがった。なにかと陽気なアメリカ人たちだからいつもにぎやかではあったのだが、そのときの歓声はことのほかやかましかった。すると、Nivel 2のクラスの口数少ないカナダ人とイギリス人と日本人を相手にのべつ四苦八苦しているラウルが苦笑いを浮かべてこうつぶやいた。

「gringo, gringo(グリンゴ)」

「グリンゴ」とは、もともとは「外国人」という意味だが、メキシコではもっぱら「アメリカ人」の意味でつかわれる。軽蔑的なニュアンスがあるので、アメリカ人の前で使うときは要注意である。もっとも、そのての言葉の例にもれず、状況や言いかた次第で軽蔑的なニュアンスも強くなったり弱くなったりするから、上手につかえば、相手との親密度が増すことにもなるいっぽう、下手すると、いたずらに反感を買う。ラウルは、アメリカの学生を相手にしてもときどきその言葉を楽しそうに使っていたから、使いかたは心得ていたのだろう。でも、アメリカ人のいない Nivel 2 の教室でラウルの口からその言葉が発されるのを初めて聞いたときは、アメリカ人どもにはまったく悩まされるヨ、というメキシコ人の嘆きが聞こえたように思えた。アメリカ人が麻薬を消費するのでなければメキシコに麻薬カルテルの犯罪はなく、ひいては、学校もアメリカの学生集めに苦労することもないのだ、とばかりに。

■東西南北の残りは、南は「sur(スール)」、東は「este(エステ)」、西は「oeste(オエステ)」。

Nivel 1 のクラスでは、各国人の名称についていっきにどっさり学ばされたが、ぜんぶを覚えるのはとても無理な話で、身近なところからまずは覚えた。オーストラリア人→australiano(アウストラリアーノ)、韓国人→coreano(コレアーノ)、カナダ人→canadiense(カナディエンセ)、イギリス人→inglés(イングレス)、日本人→japonés(ハポネス)。

英語を勉強してきた身としてだんぜん新鮮だったのは、どの国の人も大文字で始まらないこと。つまり、Japonésではなく、japonésだということ。国を背負ってないかんじがあって気に入った。

いつまでも覚えられなかったのは「アメリカ人」。estadounidense(エスタドウニデンセ)という。英語のthe United Statesをスペイン語にすると「los Estados Unidos」になるので、そこから生まれた言葉のようだが、だいいち長すぎるし、それに「合州国」はアメリカだけじゃないからである。メキシコも「合州国」で、「los Estados Unidos Mexicanos」が正式名称なのだ。なんで「アメリカ人」だけが「estadounidense」なの? とひっかかってしかたなかった。だから、いつまでたっても覚えられないぼくは、真っ先に覚えた「norte」をつかって「norteamericano(ノルテアメリカーノ)」と言っていた。長いが、「北のアメリカ人」でわかりやすい。

coreanoは韓国人の男を指す。女のときは末尾の「o」を「a」にしてcoreanaとする。australianoもおなじ。gringoも、女にするにはgringa。

inglés や japonés のような末尾が「o」でないものについては、「a」をつけるだけで女になる。inglés→inglesa、japonés→japonesa。アクセントマークが消えることについては本書五五ページの注を参照のこと。

canadiense や estadounidense のような末尾が「e」のものは男も女も同型。

タコスにサルサとリモンをたっぷり

ぼくが間借りしていたのは二階の東向きの六畳ほどの部屋だったが、三畳分くらいのテラスがついていたおかげで開放感もあり、狭いかんじはなかった。おまけに、近所はほとんどが平屋だったから、かなり遠くまで楽々見渡せる。毎朝、テラスにつづく大きなガラス扉にかけたカーテンを開くと、広大な空に真っ赤な太陽がドーンと待ち構えていて、そのたびに、そのでっかさに、だれが言いだしたのかは知らないが、なるほど「太陽の国メキシコ」だ、と爽快な気分になった。グアダラハラは標高一五〇〇メートルを越える高原にある都市だからか、ぼくがいた九カ月、少なくとも朝は、どの季節も、どんなに太陽が真っ赤でも、暑いということはなかった。

テラスは、円筒形や球形に刈り込んだ樹木がならぶ道路に面していた。トピアリーという木の手入れ法のひとつで、ヨーロッパの大きな庭園あたりにそのようなものがあるのは映画などで知ってはいたが、ここは住宅地のなかのふつうの道路である。グアダラハラでは植物の生態にしょっちゅう圧倒されたり魅了されたりしていたが、最初に感嘆したのが家のまえの道路のこの美しいトピアリーの群れだった。

しかも、そばでながめてみると、円筒形や球形の緑のなかに柑橘類の実がどっさりなっている。

「これは limón（リモン）？」

暮らしはじめて数カ月たってからのことだが、その実のひとつをぼくは枝から引きちぎって家にもってかえり、クーカに訊いた。

クーカは、ぼくがホームステイしている家の七五歳と七〇歳の姉妹の姉のほうである。妹はメーラという。そろって、まるで童話からぬけだしてきたような名前だが、両方とも愛称のようで、正式な名前はぜんぜんちがう。いちどどうしてそんな名前になったのか訊いたこともあるが、スペイン語の初心者には話が複雑でさっぱりわからなかった。

リモンは、グアダラハラに着いてすぐに親しくなった果実である。真っ先に好きになったメキシコの食べ物に tacos（タコス）があり、それだけを食べさせる taquería（タケリーア／タコス屋）や屋台もたくさんあって、日本人にとってのラーメンのような気軽な国民食になっているのだが、そういうところに行くとかならず、キンカンよりすこし大きいくらいの緑の柑橘類の果実が二つに、あるいは四つに切られて山のように積み上げてある。最初は、これはいったいなんだ、と不思議だったが、まわりの者がみな、それをしぼってタコスのうえにばしゃばしゃと振りかけている。真似してみると、うまい。味が引きしまる。香りもすごくいい。

それがリモンだった。「limón」を西和辞典で引くと、「レモン」と出ているからスペインだと黄色いレモンを指すのかもしれないが、メキシコの「limón」は緑のライムである。明らかに別物だ。

「これはリモン?」というぼくの問いに、クーカは即答はせず、緑の実をじっとながめていた。

「ここいらにはリモンもnaranja(ナランハ)もなってるからね」と言い、匂いを嗅いだ。ナランハとはオレンジである。

「ここいらになるナランハは甘くないのよ。リモンは、まあ、いけるけど」

「切ってみます?」とぼくは提案して、ナイフで切った。切った断面を見た瞬間、リモンではないな、とぼくにはわかった。なにしろリモンの切断面はタケリーアでしょっちゅうながめているのだから。

しかし、クーカは即断はせず、切断面に鼻を近づけてさらに匂いを嗅ぎ、しばらくしてからようやく「これはナランハだね」と言った。それからぼくを外の道路へ連れ出すと、筋向かいに立った球形のトピアリーの木を指して、「あれがリモン。あの木のはおいしいのよ」と言って、ニヤリと笑った。

クーカがとっている現場は見たことがないが、あちこちのトピアリーから長い棒で実を落としている男はたまに見かけた。でも、べつに棒をつかわなくても、ちょっと手を伸ばすだけで、四、五十個は簡単にとれるのだから、男は、実を落とすのを楽しんでいたのであって、よほど暇をもてあまして暇つぶしをしていたのだろう。

それが初夏のことだ。

さらに数カ月たって秋も深まってくると、ナランハのほうはすっかり成熟して大きな黄色いボールになり、いい匂いを放ちはじめた。歩いていると、ボトンという大きな音をたてて落っこちてきたりもした。車道のあちこちには落ちたナランハがぐしゃりとつぶれていて、そこからまた強烈ないい香りがただよってきた。つぶしているのは車だったが、さすがはサッカーの盛んなメキシコである、ひともよく蹴っていた。ぼくもときどき蹴ったが、蹴った後、わずかにナランハの匂いが足下から立ちのぼってくるのがすこぶる心地よい。

ある晩も、家への帰り道、車道に出て、まだ丸々としたかたちを保っているナランハを見つけて思いっきり蹴った。黄色いボールは、奇跡的なまでに、みごとな弧を空中に描いて飛んでいった。と、その直後、それまでは気がつかずにいたのだったが、すぐ後ろに来ていた車が、ぼくの脇を、これまたみごとに弧を描いて走りぬけていき、そのまま、さっきボールが着地したあたりを突っ走っていった。もしやと思い、急いで駆け足で近づいてみると、案の定、ナランハはきれいに潰されている。一本とられたか。そんな気分になった、足下からは瑞々しいナランハが匂う、官能的な夜になった。

品物の言葉のうしろにríaをつけると、その品物を売っている店になる。tacosはtacoの複数形だが、taco＋ríaでtaquería(タケリーア)になる。tacería だと、発音が「タセリーア」になってしまうので、「ケ」の音になる「que」に変える。ほかには、pastel(パステル／ケーキ)を売るケーキ屋はpastelería(パステレリーア)、pan(パン／パン)を売るパン屋はpanadería(パナデリーア)、carne(カルネ／肉)を売る肉屋はcarnicería(カルニセリーア)。flor(フロール／花)を売る花屋はflorería(フローレリーア)。グアダラハラにはことのほか多かったzapato(サパト／靴)を売る靴屋はzapatería(サパテリーア)。メルセデスは、メキシコの靴は品《しな》がいいのよ、と自慢していた。cafetería という英語も、もとはスペイン語の cafetería(コーヒー屋)。

メキシコの昼食(comida/コミーダ)は午後二時がふつうである。クーカがいつも用意してくれていた。しかし、授業が終わるのは一二時半で、慣れないスペイン語に疲労困憊して腹もぺこぺこだったから、二時まで待てないこともあり、つなぎでよくタコスを食べた。

学校への通い道からちょっとはずれたところでもくもくと煙があがっている。それが愛するタケリーアである。お昼時だからか、お客もたくさんいる。煙の出所は肉や chorizo(チョリソ)を焼いている大型のコンロ。帽子をかぶった腕の太い年配の女性が、煙に目を細めながら、網の上の肉やチョリソをひっくりかえしつつ、焼きあがった肉やチョリソをでかい包丁で細かくばんばんと刻んでいる。そのばんばんという音がすごい。その脇では、やはり帽子をかぶった腕の太い若い女性が tortilla(トルティーヤ)をつくっている。トウモロコシ粉をこねたものをつぶして丸く延ばした、餃子の皮のようなものだ。小さな団子にしたトウモロコシ粉をひとつひとつ、小さな手押しの重しで丸く延ばしていく。それを鉄板で軽く焼いて、その上に焼いた肉やチョリソをのっけるとタコスになるという手順。こっちの注文に応じて年配の女性がひょいと皿にのせて渡してくれる。

しかし、タコスの楽しみは、じつは、その後から始まる。コンロのある台には、salsa（サルサ／ソース）がずらりと並んでいる。なにより好きだったのは、salsa bandera（サルサ・バンデラ／旗のソース）とかsalsa mexicana（サルサ・メヒカーナ／メキシカン・ソース）と呼ばれている、さらっとして辛い赤と白と緑の色合いが美しいサルサ。赤のトマトと白のタマネギと緑のcilantro（シラントロ／パクチー）を細かく刻んでchile（チレ／トウガラシ）を合わせたものだが、その色どりがメキシコの国旗の色とおなじなのでそういう名前になっているのだ。それから、緑のねっとりしたaguacate（アグアカテ／アボカド）のサルサもお気に入りだった。そういったのが四、五種類ある。さらに、じっくり煮たこってりしたfrijores（フリホーレス／インゲン豆）、タマネギの薄切りを炒めたもの、シラントロの葉を細かく刻んだもの、などなど。それらを、肉なりチョリソがのったトルティーヤのうえに好みでのせて、味をつくっていく。この作業が大好きだった。ひとつとしておなじタコスはないわけだな、とひとりうなずきながら、山盛りになったもろもろをトルティーヤで上手につつみ（いつも盛り過ぎでこぼれた）、そしてリモンをたっぷり搾って、かぶりつくときの快感。あれは忘れられない。

トルティーヤの上にのせきれず、おかずのようにして食べたものも多い。たとえば、nopal（ノパル）。茎のかたちがウチワに似ていることから和名ではウチワサボテンと呼ばれているサボテンだが、その茎を茹でて刻んだものは、すこしネバッとしていて食感は根昆布のよう。いろんな大きさのチレ(とんでもなく辛いものからそうでもないものまで)を軽く煮込んだものがおつまみとしてすこぶるおいしいということも、このタケリーアで学んだ。

いっしょに飲むドリンクは、白濁色の agua de horchata(アグア・デ・オルチャータ)。初めて飲んだときは、いったいなにからできているのか、見当もつかず、ミルクやシナモンが入っているのがわかっただけだったが、あとで、主な材料は米だと知った。クーカの得意のデザートは arroz con leche(アロス・コン・レチェ)というシナモンの入った甘いミルクご飯だったが、それのジュースみたいなものがオルチャータ。大好きだった。

それがないときは、赤紫色の agua de Jamaica(アグア・デ・ハマイカ)。乾燥させたハイビスカス(ハマイカ)の花からつくった甘いジュースというかお茶のようなもの。フェイスブックで知り合った女性に会うためにメキシコにやってきたダンディなオーストラリア人のヒースはそれが大好きで、「ハマイカを知っただけでもメキシコに来たかいがあった」とうれしそうだった。

メキシコ人たちがよく飲んでいたのはコカ・コーラ。あんなもの、よく飲むなあ、とコーラ嫌いのぼくは呆然としてながめていたが、あとでネットで調べてみると、コカ・コーラを世界で一番消費しているのはアメリカではなくメキシコだと知って、あらためて呆然。しかも、メキシコのコカ・コーラは、アメリカや日本で売られているものとちがうのだという。アメリカや日本のはコーンシロップ由来の果糖ブドウ糖液糖をつかっているのにたいし、メキシコのはサトウキビからとった自然の砂糖をつかっているので、飲み比べると、味のちがいは歴然としていて、おいしいらしい。だから人気がある。コーラ嫌いとしては、そうですか、とだけ言っておくことにする。

「昼食」は comida(コミーダ)で、それが一日でいちばんたくさん食べる食事の時間である。「朝食」は desayuno(デサユノ)、「夕食」は cena(セナ)。agua は「水」。arroz は「米」。leche は「ミルク」。de は英語の「of」。con は英語の「with」。

そのタケリーアでタコスを食べているうちは気がつかなかったが、学校の近所のレストランにもしょっちゅう通うようになって知ったことは、トルティーヤにも材料のちがいで二種類あるということ。maíz(マイス/トウモロコシ)と harina(アリーナ/小麦粉)。しかし、トルティーヤはトウモロコシでなきゃ、と思っていたから、ぼくが食べていたのはマイスのほうばかりである。日本のスーパーにたまに「フラワー・トルティーヤ」というのを見かけるが、「フラワー」は英語の「flour／小麦粉」だから、これはアリーナのほう。

トルティーヤは、そのまま軽く焼いて、パンのようにしても食べる。レストランではあったかいトルティーヤがきれいな布にくるまれて出されてくる。コミーダのときは、クーカからいつも「今日はトルティーヤは何枚ほしい？」と訊かれたものだ。ぼくはおかずをそれにはさんで食べていたが、その食べかたでよかったのか？

ある日曜日、昼間の散歩に出て、それまで歩いたことのない道にふらりと入ったとき、レストランなどなさそうな住宅地の一角に小さな看板がでていて、「restaurante español（レスタウランテ・エスパニョル／スペイン・レストラン）」とあった。こんなところにスペイン料理の店が？　とふっと足をとめると、制服を着た若いウェイターがさっと外に出てきて笑顔で手招きした。

小さなレストランだったが、お客はぼくひとり。東洋の珍客が来たということでか、立派なスーツ姿の恰幅のいい年配の店主が出てきて、なにやらぺらぺらしゃべってくれたが、こっちにはちんぷんかんぷん。わかったのは、うちのトルティーヤはよそとはちがう、スペインのだ、と言っているらしいこと。スペインのトルティーヤか！　と好奇心で飛びつく。スペインのトルティーヤはメキシコのとはまるで別もので、オムレツのようなものだと聞いていたからである。出てきたのはじゃがいもなどが入った固めのオムレツで、おいしくはあった。

おなじトルティーヤがスペインとメキシコではどうしてこうもちがうのか？

一説では、スペイン人がメキシコにやってくる前から、アステカ文明のなかでメキシコ人たちはいまのトルティーヤとほぼおなじものを食べていた。かれらのつかっていたナワトル語で、それは「tlaxcalli(トラシュカリ)」と呼ばれていた。それを見たスペイン人たちが、トルティーヤにかたちが似てるね、と言ったことから呼びかたが変わったという。

「tortilla」は「トルティー**ヤ**」と言ったり「トルティー**リャ**」と言ったり「トルティー**ジャ**」と言ったりする。末尾の「**lla**」の発音のしかたがいろいろだからだ。「わたしはミナミです」と名乗るときは「Me **llamo** Minami」と言うが、これも「メ・**ヤ**モ・ミナミ」とか「メ・**リャ**モ・ミナミ」とか「メ・**ジャ**モ・ミナミ」とかいろいろである。

ささやかな報酬を求めて

いつものタケリーアでオルチャータを飲みながらたくさんのサルサを詰めこんだタコスをぱくついていると、かならず、店の前の道路を忙しく動き回っている男が目にはいった。白いワイシャツにざっくりとネクタイをした姿がどこかおしゃれで、髪は、多くのメキシコ人の若い男がそうであるように、ジェルでがちがちに固めている。細面でよく日焼けしていてハンサムな風貌だが、なにより印象的なのは身のこなしがきびきびしていること。

タコス目当てに車が近づいてくると、路上駐車しやすいように元気に声をかけて誘導し、車のドアをあけてやる。乗っていた者が年寄りの場合は、降りるのに手を貸す。そうしながら相手となにやら会話をかわし、相手がタケリーアに入ると、即、作業を開始する。

水を汲んでおいた白い大きなバケツをもってきて、ズボンのベルトに引っかけていたタオルをそのなかにぶちこんでビショビショにすると、車を洗いはじめるのだ。客がタコスを食べ終わるまでに洗車を完了させなければいけないからもたもたしているわけにはいかない。車のまわりをあっち行ったりこっち行ったり、水を取り替えに走ったり、動きはすがすがしいほどに機敏。急がなければならないからといって、バケツから水を車にぶっかけるような乱暴な真似はしない。あくまでもていねいに、しかし、てきぱきとコトを進める。そして、タコスを食べ終えた客がピカピカになった車にもどってくると、ドアをあけてやり、道路に出やすいように誘導する。

もちろん、タコス目当てに停まった車がすべて洗車をもとめるわけではないから、せっかくドアをあけてやったのに断られるときもある。でも、そういうときもブスッとすることなく、にこやかに会話をし、またべつな車の到着を待つ。

そのタケリーアが面しているAvenida México（アベニダ・メヒコ／メキシコ大通り）は、車の行き来こそ多いが、一日にどのくらい洗車の仕事はあったのか、そのへんはわからない。しかし、いつ行っても、そのタケリーアの前にはかれがいて、水を溜めたバケツを脇に置いて仕事を待ち、タコスを食べに寄る車を誘導していた。

そのうちわかってきたが、洗車する男たちはあちこちにいた。しかも、縄張りが決まっているようで、じつは、ぼくの家の前の道路を縄張りにしている男もいた。

クーカとメーラの家は住宅地にあるから、通りすがりの車を相手にするというわけにはいかない。男は、週に数回、道路を歩いてまわっては、車を持っている家に声をかけ、仕事を見つけていた。髪は薄く、真っ黒に日焼けした四〇前後だったが、空っぽのバケツをもって、リュックを背負って、注文をとっていた。ぼくの部屋からはかれの歩いていく姿がよく見えたが、家々のガレージをのぞいては、車が汚れてないか、調べていた。

かれのお客は、ほとんどが常連客だったのだろう。おなじ家の前で、このあいだ洗ったばかりじゃないかと思えるような車を洗っている姿もよく見かけた。おなじ家で、車のなかを掃除しているときもあった。おなじ家で、なにもしないでその家の住人とおしゃべりしていることもあった。月契約でもしていたのか、それとも、その家の住人がかれのことを気にかけて、あるいは、気に入ってしょっちゅう声をかけていたのか。

クーカとメーラも車は持っていたが、かれに洗車を頼むのは数カ月に一回程度。とてもお得意様とは言えなかった。

メキシコシティに出かけたときに雇った車のドライバーに、街頭の洗車の料金はどのくらいなの、と訊いたことがある。propina(プロピーナ/チップ)として、三〇ペソから五〇ペソじゃないか、と教えてくれた。

タケリーアで、タコス二個にオルチャータで、ぼくは三〇ペソ（約二四〇円）払っていた。タケリーアの前で洗える車を待つハンサムなネクタイ男も、住宅地をまわって洗える車を探す日焼け男も、相応の稼ぎを得るのは並大抵のことではなかったろう。

「洗う」は「lavar(ラバール)」、「車」は「carro(カロ)」。ただし、スペインでは、「車」は「coche(コチェ)」といい、「carro」は「馬車」の意味になるらしい。「carro」が「車」を意味するのはもっぱら中南米のようだ。中南米のスペイン語とスペインのスペイン語には、その他いろいろ、微妙にちがうところがある。メキシコのスペイン語をスペインでつかってもなんとか通じるとは思うのだが、はて、どうなんだろう。

クーカとメーラの家の近辺は、朝は、道路をほうきで掃く音ではじまった。まだ薄暗いうちから（といっても七時くらいなのだが）、シャッシャッと道を掃く音がする。なにしろ、トピアリーの木々のみならず、街路樹がとんでもなく豊かに育っていて、ナランハやリモンは実をいくつもつけているし、ゴムの木も、日本で知っている観葉植物とは別物としかおもえないくらいの巨木になっている。松も、松ぼっくりこそ指ほどの大きさで小さいが、木は大きい。カポックも、日本では観葉植物だが、ここではこれまた巨木。名前はわからないが、大きな莢《さや》をどっさり垂らしている木もある。その他もろもろ。それらが夜の突風や豪雨で実や葉を道いっぱいに散らすのである。掃かなければ、道は巨木が落としたものたちでたちまち埋まってしまうだろう。だから、でっかいほうきで掃く。日本の竹ぼうきよりも、下の円錐の部分は四、五倍の広がりがある。学校に行くとき、家のまわりの道路はそこかしこに掃いているひとがいた。

興味深いのは、明らかに自分の家の前を掃いているひとと、どう見てもこのあたりに住んでいるとはおもえないのに掃いているひと、の二種類がいることだった。前者については、とくに気にならなかったが、後者については、早くから気になった。なにしろ、薄暗いうちからシャッシャッと音をたてて掃いているのは、そういうひとたち、というか、正しく言うなら、まるまると健康的に太って白髪をきれいにまとめた中年の女性だったからだ。彼女は、朝しか見かけなかった。そして、けっこう広範囲に、しかし、自分で家の前を掃くひとがいるあたりには侵入することなく、ていねいに掃いてまわっていた。

ある土曜日、学校がないのに早起きしたのでテラスで外をながめていると、階下のキッチンからクーカが出てきて、ほうきを持ったその女性に声をかけ、二〇ペソ札をひらひらさせた。と、女性が近づいてきて、それを受けとり、クーカとなにやら言葉をかわしはじめた。家の前にはささやかな庭があるのだが、クーカはそれを指さして、なにか指示をしていた。女性はうなずいた。よくよくながめていると、クーカはさらに一〇ペソ硬貨を一枚渡している。

なるほど、こうやって彼女はプロピーナを稼いでいるのだろう。いくつかの家とは契約をしているのかもしれない。そして、この掃くという仕事にも、洗車する男たち同様、縄張りができているのかもしれない。なにしろ、彼女以外、あちこちの家の前を掃いている女性はいなかったのだから。

「掃く」は「barrer(バレール)」。いっぽう、英語の「clean」にあたる「掃除する」は「limpiar(リンピアール)」。この言葉とはグアダラハラの最初の数日間泊まったホテルで遭遇した。ぼくはこれからはじまるメキシコ暮らしへの緊張でくたばっていて、部屋にずっと寝ていたかった。そこにハウスキーピングの女性が来て、なにか言ったのである。ちんぷんかんぷん。「ピア」という音だけが聞きとれた。「リンピアールしなくていいですか?」と訊いていたらしいとわかったのは、数カ月たってからである。

洗車や掃除だけでなく、路上ではほかにもたくさんいろんなサービスやモノを売る風景が見られた。車の行き来の多い大きな道路でとくに多かったが、信号で車が止まると、ぞうきんをもった少年がフロントグラスを拭きに駆けよってくる。あるいは、新聞や煙草を売りに来る。ときには、テニスのラケットやランプや花束を売っている者もいた。バスに乗っているときに目撃してほとんど感動してしまったのは、ワイパーを売っていた男。赤信号の短い時間にてきぱきと交換していた。ところが、客が大きな札でも出したのか、釣りがない。「おーい」と声をかけると、べつな物売りがすっとんでいって小銭を渡した。助け合いのすばやい連携プレーである。

「だいたい、この路上のマーケットで必要な品はぜんぶそろいますよ」とメキシコシティで雇ったメキシコ人のガイドは言ったが、まさにその通り、なんでも売っているようである。

芸を売っている者も少なからずいて、赤信号の交差点で何本もの松明を器用にあやつって火の踊りを披露している者を見たこともある。赤信号の時間を承知しているのだろう、手早く芸を見せ終わると、止まっている車のあいだを歩いてプロピーナをもとめていた。

バスに乗っていたらピエロが乗りこんできたこともある。そのピエロは、狭い車内で老人や子どもの物真似を披露すると(たいして上手じゃなかった)、そのあと帽子をもって車内をまわった。ぼくは一〇ペソ献呈したが、五ペソくらいで十分だったか(一ペソはおよそ八円、バス代は六ペソ）。

その他もろもろ。いろいろ工夫してサービスやモノを売るひとびとが街頭にいる。幼い子どもがピエロのかっこうで交差点にあらわれるときなどもあって、そんなときは息がつまってしまったが。

そこかしこにささやかな報酬をもとめてはたらくひとたちがいる。メルセデスは、授業のとき、ときおり、訴えるように言う。

「México es pobre.（メヒコ・エス・ポーブレ／メキシコは貧しい）」


「マーケット」は「mercado（メルカード）」。「路上のマーケット」は「mercado en la calle（メルカード・エン・ラ・カジェ）」。「路」の「calle」は「lle」だから、「カ**イエ**」でも「カ**リエ**」でも「カ**ジエ**」でもいい。

爆走するカミオン

グアダラハラでは大通りを渡るのは楽ではなかった。学校の行き帰りにかならず横断していたアベニダ・メヒコにしても、毎日、つねに気合いを入れて渡っていた。

なにより、とても広い。片側二車線だが、車線は大きくとってあるので、日本のに換算したら軽く三車線はある、中央分離帯までがおよそ一五メートル。そして中央分離帯は幅が三メートルほどあり、その先にまた一五メートルの二車線がある。

車が来ないことを確認してまずは中央分離帯まで走り、そこで一呼吸して、残りの一五メートルを走るというのが、ぼくの毎日の渡り方だった。つまり、いっきに渡ることはできない。

横断歩道もあることはあるが、なにしろ少ないから、律儀に横断歩道のあるところにまで行って渡る者などいない。母親が子どものひとりを抱っこし、残りの三人の子どもに、「¡rápido! ¡rápido!」と大声で怒鳴るように指令をおくりながら駆け足で渡るシーンを目撃したこともある、というか、「rápido（ラピド／速く）」という言葉はこのとき覚えた。

スペイン語では、単語が「r」ではじまるときは巻き舌で「r」を発音しなければならず、これは巻き舌とはほとんど縁のない英語圏の人間には苦手の発音で、通っていた学校の主なお客さんであるアメリカの大学生たちはそれがうまく言えずにかなり苦労していたが、ぼくはアベニダ・メヒコで若い元気な母親が大声で発音していたのを耳にしたおかげで、そうか、巻き舌は勢いよく怒鳴るように発音すればいいんだ、とわりあいすみやかにマスターした。

もっとも、「r」と「l」の発音の区別はもとより日本人の苦手とするところで、ぼくもその例外ではない。だからこそ、と言うべきだろう、「r」と「l」の区別はだめだが、巻き舌はできるぞ！　とすごくうれしくなったものだ。

「rr」が入っていたら、そこも巻き舌になる。たとえば「correr（コレール／走る）」。だから、「走れ、速く！」と言うときは、巻き舌を連発することになる。

みんなが横断歩道を渡らないのは、というか、横断歩道が少ないのは、メキシコは車中心の社会だからである。車が、それこそでかい顔をして、道路を突っ走っている。まっすぐな広い道が多いので、けっこうスピードも出している。歩行者のほうが車に注意して歩くべきなのであり、車は歩行者に注意して走る必要はないという考え方がどうやら定着している。

とうぜん事故も多いと思われるが、車とひとがぶつかる事故よりも、車と車がぶつかる事故のほうがきっと多い。だって、歩行者は車にすごく注意して歩いているが、車のほうは、歩行者にはもちろん、ほかの車にも注意を払っていないとおもわれるからだ。事故の現場にはわずかしか遭遇していないが、追突で首の具合がおかしくなったときに首のまわりに巻くコルセットをつけたひとはずいぶん見かけた。しかも、つけているだれからも、事故の痛々しさはかんじられず、ちょっと風邪気味なのでマスクをしてます的な気楽さがただよう。スーパーでそれが売られていたのを見つけたときはびっくり。追突によるむち打ちはどうやら肩こり程度のものと考えられているのだろう。

車中心の社会なのでみんなが車をもちたがるが、だれもが車を買えるわけではないから、街のなかの移動に多くの者は camión（カミオン／バス）をつかう。グアダラハラは電車はほとんどないに等しいから、カミオンが大事な交通手段なのだが、じつは、このカミオンに乗るのが大変である。まず停留所がどこなのかがわからない。

すごく大きな道路だと、屋根つきの停留所があったりもするから、そうなると場所は一目でわかる。しかし、ほとんどの停留所は標識がいっさいない。

「カミオンはどこに停まるんですか?」と、グアダラハラに着いてまもない頃、メルセデスに訊いた。

「二、三ブロックごとに停まることになっている」とのこと。

一見明快な返事だが、しかし、ちょっと考えると、ぜんぜん明快でない。「二、三」というのがまずあいまいだし、どこから数え始めるのかという基本的な謎がある。ぼくがその答えに「?」の顔でいると、メルセデスは言い足した。

「わからなかったら、ひとが集まっているところに行けばいい」

なるほど。そう言われてみると、道のあちこちの角にときどきひとが集まっている。おたがいが知り合いというふうでもなく、ぼんやりと立っている。当初は、いったいなにをやっているんだろう、と不思議でならなかったが、そうか、みんな、カミオンを待っていたのである。

しかし、それでもなお不安は残ったし、その不安はグアダラハラに住んで数カ月たってからも消えることはなかった。つまり――

何人か先客がいるのなら、いい。しかし、もしも、乗りたいのがぼくひとりだったら、どこに立てばいいのか?

ぼくがひとり立っているそばをカミオンが猛スピードで走り抜けていったことも、じつは、何度もあったのである。

そう、車中心のメキシコではカミオンもおおいにスピードをだして走るのだ。だから、停留所(らしきところ)に立っている客は必死でカミオンを停めなければならない。停留所(らしきところ)でよく見る風景は、カミオンが近づくと客の何人かが車道に出ていき、違反取り締まりの交通警官よろしく、両手をあげてカミオンを停めている姿である。

カミオンの運転手は、きっと、停まりたくなんかないのだろう。客なんか乗せずに、スピードをだして突っ走りたいのだ。カミオンとはいえ、自分の車をともかくも持ったのだから、ばんばん飛ばして車優先の社会の仲間入りをしたいのだ。だからだろう、停留所周辺で急ブレーキのキキキという音を聞くことは珍しくなかった。

じっさい、カミオンの運転席のまわりは、運転手の好みでユニークに飾り立てられていることが多い。メキシコはカトリックの国で、黒い顔の聖母を多くのひとが信仰しているのだが、カミオンの運転手たちも、安全を祈願してか(スピードをだしまくっているのに)、それぞれにデザインした黒い顔の聖母やキリストの絵やロザリオを飾っていたりする。運転席周辺が、つまり、すっかり運転手のプライベートな空間に変わっている。乗客は、いわば、「かれのカミオン」に乗せていただくような雰囲気になっていた。

メキシコのカミオンは、グアダラハラにかぎらず、都市では昔からずっとそんなふうだったようで、一九五〇年にメキシコシティに旅したときの体験をもとにして書いた『オン・ザ・ロード』にケルアックはこう書いている。

「みんな、年寄りの女性たちも、停まろうとしないバスを追っかけて走っていた。若いビジネスマンたちは、イチかバチか、一斉にバスに向かって走り、アスリートのように飛び乗っていた。バスの運転手たちは裸足で、ニヤニヤしながら狂ったような目で、低いところにあるでっかいハンドルの前にTシャツ姿でうずくまるように座っていた。頭上に聖像が輝いていた。」

爆走するカミオンでひどい目に遭ったのは、それよりもさらに昔の一九二五年、フリーダ・カーロである。画家のカーロはいまやメキシコの大きな観光アイテムになっていて、カーロとはまったく関係がないはずの観光地に出かけていっても、小さな土産物屋で、彼女の絵はがきはもちろん、彼女の顔をあしらったTシャツやらなにやらが売られているほどなのだが、彼女の絵には一八歳のときのカミオンの大事故が影をおとしている。

「ある恐ろしい事件がフリーダの生涯の流れをまったく変え、孤独と、苦痛の呪いの中に彼女を閉じこめてしまう。ただ一つ残された出口は芸術だけだった」と、ル・クレジオはその大事故についてこう書いている。

「一九二五年九月十七日(彼女は十八歳になったばかりだった)、フリーダは新しく運行しはじめたバスの一台にアレハンドロ(注・当時の友人)といっしょに乗る。そのバスはソカロの真ん中から出て、首都内のあちこちに寄りながらコヨアカンまで行き、路面電車よりずっと早いので市民に人気があった。五月五日通りとクアウテモツィン街の角、サン・ファン市場の方へ向うところで、バスは、斜め前から来る路面電車と衝突した。／後日、フリーダはどのようにしてその事故にあったかを語った――／「バスに乗ってまもなく、衝突事故が起ったんです。それまでは、わたしたちは他のバスに乗っていたのに、わたしが小さな日傘を失くしたので、探すためにバスから下り、わたしをめちゃめちゃにするバスに乗るはめになりました。事故はサン・ファン市場のちょうど真ん前で起りました。路面電車はゆっくりと進んできたのですが、わたしたちのバスの運転手は若く、とてもいらだっていました。電車が角を曲るとき、バスは壁に押しつぶされたんです。」」

その事故の結果はすさまじいものだった。ル・クレジオはつづけて書いている。

「フリーダを診た医者の大部分は、彼女が生きのびていることにびっくりしている。腰のところで、脊柱が三ヵ所、折れていた。大腿骨も何本もの肋骨同様、折れていた。左足は十一ヵ所折れ、右足は押しつぶされ、ぐにゃっとしていた。左肩は脱臼し、骨盤は三つに割れていた。バスの鋼鉄の手すりは腹に突き刺さり、左の横腹からはいって、膣に抜けていた。」(『ディエゴとフリーダ』)

カーロはその後、それらの傷をさまざまなかたちで絵に繰り返しリアルに描くことになる。真っ二つに切り裂かれた体、無数の突き刺さった釘、飛びだした骨盤、流れでる鮮血、目からあふれる涙。正視するのがつらいほど、それは生々しい。

「camión」が「バス」の意味になるのはメキシコだけである。「バス」は、スペインのスペイン語では「autobús(アウトブス)」、アルゼンチンやベネズエラのスペイン語では「colectivo(コレクティーボ)」、ペルーやウルグアイでは「ómnibus(オムニブス)」、チリでは「micro(ミクロ)」、キューバでは「guagua(グアグア)」。どうしてこうもちがうのか、興味をそそられる。「camión」は、スペインのスペイン語では、「トラック」である。「autobús」は、メキシコのスペイン語では、「長距離バス」を指す。

停留所は、メキシコでは、「parada(パラーダ)」。その他のスペイン語圏でもおなじなのか、それともちがうのか……

小さなトラック、いわゆるピックアップ・トラックの荷台に乗って移動するひとたちの姿も、グアダラハラのみならず、メキシコのあちこちでよく見かけた。一種のヒッチハイクなのか、それともおなじ現場の仕事に向かうのか、そのあたりは定かじゃないが、荷台で談笑していたり、寝ていたりしていた。だから、アレハンドロ・カルタヘナの写真集『Carpoolers（カープーラーズ／相乗りするひとたち）』を見たときは、あらためて、そういうのもメキシコではありふれた風景なのだと思い知った。

カルタヘナはメキシコ第三の都市のモンテレイに住むが、ピックアップ・トラックの荷台に乗って仕事に出かけていくひとたちの姿をもっぱら撮った。それがその写真集。しかも、視点がだんぜんユニークで、ハイウェイを走り抜けていく、おそらくはおなじ労働現場へ向かう労働者たちを積んだトラックを、ハイウェイの陸橋の上から定点観測で見下ろすように撮った。おかげで、荷台に乗った労働者たちの姿が丸見えになっている。ぎゅう詰めで寝ている者たちがいる。建築資材にはさまれて大の字で寝ている者がいる。パーカや毛布にくるまってじっと横になっている者たちがいる。横になる隙間もなく、膝を立てて座り、だべっているのか、眠っているのか、窮屈そうにしている人たちがいる。

撮ったのは二〇一一年七月から二〇一二年六月までの一年間。労働者たちはモンテレイから郊外のサンペドロの建設現場に、ハイウェイ八五号線を荷台に乗って出かけていく。メキシコも持つ者と持たざる者の差の大きな国だが、サンペドロは、持つ者たちが暮らす新興の郊外地。メルセデスは、授業のときに、家族の全員が車を持っている家もまったく珍しくない、と言っていたが、サンペドロに暮らす住民はそれこそ家族のひとりひとりがみな高級車を持っているのではないか。そんな新興の高級郊外地の建設に、労働者たちはトラックの荷台に運ばれて向かっているのである。

荷台の風景だけでもそうとうに圧倒的だが、写真集にはさらに工夫があり、労働者たちが(疲弊して眠っているのでなければ)見ているであろう景色、つまり、空や標識の写真も収めている。これは、カルタヘナが、妻が運転するトラックの荷台に乗って撮ったものだが、荷台の労働者たちのこころに去来するだろう思いが垣間見えるようで、印象的だ。

もうひとつ、新聞の現物がはさみこまれている点も、秀逸である。カルタヘナが二〇一二年にコンビニで買い集めたものだが、そのどれにもハイウェイでの車の事故のニュースが載っている。ぼくの手元にある写真集にはさまっていたのは、サッカーの試合に向かうサッカー選手の家族が出遭った事故の記事で、死者二名。

労働者たちを荷台に乗せたトラックが走るハイウェイには事故が待ち受けていること、そんな危険のなかを労働者たちは持つ者たちの街の建設のために向かっていることを、カルタヘナは新聞の現物をとおして伝えてくる。

多くのスペイン語圏では「トラック」を意味する「camión」はメキシコでは「バス」だが、それでは「トラック」はなんと言うのかということになるが、やはり「camión」である。つまり、コンテクストのなかで使い分けているようだ。もっとも、「ピックアップ・トラック」は「camioneta（カミオネタ／小さなトラック）」。

結婚は疲れるのか

クーカとメーラの家に寄宿するようになって一カ月ほどたったあるとき。二階の部屋からキッチンにおりていくと、クーカが小さなテーブルの前に神妙な顔で背筋をきりっと伸ばしてすわり、ぼくには見慣れた小さなプラスチックのボトルを口に運んでいた。

「あれ！」とこっちがおもわず小さく叫ぶと、クーカは、ちょっと具合が悪くてね、と言い、具合が悪いときにはこれを飲む、すると元気になる、と言った。むろん、クーカの一言一句が理解できたわけではない。そういうことを言っているんだろう、とその様子から推測できたということだ。一カ月もいっしょにいると、以心伝心という魔術がだんだん動きだしてくる。

「それって……」

「ジャクルト」

ふーん、スペイン語の流儀で発音するとそうなるのか、と納得。「それって、日本のですよ」

とぼくは言った。

クーカが飲んでいたのは「Yakult」。ヤクルトである。スペイン語ではya、yi、yu、ye、yoはジャ、ジィ、ジュ、ジェ、ジョと発音する傾向があるので、「ジャクルト」になる。だから、日本の通貨の「yen」も「ジェン」になる。

「あら、そうなの。知らなかった」とクーカは言い、そこでぼくは、ヤクルトは日本でもよく飲まれています、その会社はプロ野球チームももっています、とスペイン語で説明し（ようとし）たが、クーカは、ジャクルトをめぐる真実よりも、スペイン語と格闘するぼくの姿のほうにはるかに興味をしめし、ていねいにうれしそうに正しいスペイン語に訂正すると、わたしは具合が悪いときにこれを飲むの、と繰り返した。クスリ代わりなのである。

ふたりといっしょの昼食（コミーダ）は、キッチンが狭いということもあって、ぼくはふたりとは別な小さなテーブルで食べていたのだが、ぼくがいつも一番に食べ終えていた。ぼくはそれほど早食いではないが、ふたりは食べるのが遅いのである。「gracias（グラシアス／ありがとう）」と言ってテーブルから立ち上がると、妹のメーラがいつもおなじ言葉を口にした。

「Ya.（ジャ／もう）」

英語の「already」に相当し、なにかとよくつかう語だが、「ヤ」と言ったことはなかった。

「y(イグリエガ)」ではじまるもっとも重要な単語は「yo(わたし)」だが、「ジョ」と発音するひともいるいっぽうで、「ヨ」と言っているひともいた。だから、「ヤクルト」と言っているひともきっといるんだろう。どっちの発音でも通じるのではないか。

くわしく訊いたことはなかったが、というか、くわしく訊きたくてもこっちの未熟なスペイン語では訊きようがなかったのだが、クーカとメーラはおそらくずっと独身をとおしてきた。寄宿するようになって数日後、クーカは、ぼくに結婚はしているのか、と食事のときに訊いてきた。だから、そのときに、そちらは結婚したことはあるのですか、と訊くこともできたのだろうが、会話が冗談みたいなものに変わってしまったので、訊きそびれた。会話とはとても呼べないそのときの滑稽な会話は、再現すると、こんなかんじである。

クーカ「. . . tú(トゥ/あなた) . . . ¿casado(カサード)?」

ぼく「. . . ¿casado?」

クーカ「¿tienes(ティエネス/もっている) . . . esposa(エスポサ)?」

ぼく「. . . ¿esposa?」

(ここでメーラのジェスチャーがはいる。)

ぼく「ああ、esposa（妻）. Sí, sí, sí（シ、シ、シ／はい、はい、はい）.」
クーカ「. . . tú . . . casado（結婚している）.」
ぼく「Sí, cansado（カンサード）.」
（ここでふたりは大笑い。）
クーカ「No, cansado . . . casado.」

「¿casado?」とか「¿esposa?」とぼくが聞きなおしているのはその意味がわからないからで、ジェスチャーがはいったことでやっとわかったということでもあるが、この会話のどこが滑稽なのかというと、ぼくが「casado」を「cansado」と言い間違えた点だ。前者は「結婚している」だが、後者は「疲れている」なのである。「結婚している＝疲れている」というとつぜんに出現した等式にふたりは大笑いしたわけである。

クーカは、調子に乗ったのか、にやにやして、結婚してどのくらい？と訊いてきて、そこには結婚してどのくらい経つと疲れるのか、というもうひとつの質問が隠れていたようでもあり、そのユーモア感覚にはだんぜん好感をもったが、それはまた別な話。この会話のおかげでぼくは、紛らわしい、関係があるようなないようなふたつの単語をしっかりと覚えることになった。でも、結婚したことはあるのかとは訊きそびれたのである。

前にもすこし書いたが、名詞でも形容詞でも、語尾が「o」なら男、「a」なら女である。したがって、「esposo」は「夫」で、「esposa」は「妻」である。「結婚している」という形容詞も、男であるぼくのことを言っているときは「casado」になり、言っているのが女なら「casada」になる。「疲れている」も同様で、疲れているのが男なら「cansado」、疲れているのが女なら「cansada」となり、男も女も(夫婦ともども)疲れている場合は、男の「o」に複数の「s」がついて「cansados」となる。妻たちだけが集まって「結婚も長いといいかげん疲れない?」「そうね、そうね」と意見の一致をみたときは、女だけが複数いるので、女の「a」に複数の「s」がついて、「cansadas」となる。

最初の頃、午前中の授業から帰ってくると、キッチンで食事の準備をしているクーカからよく訊かれた。

「¿cansado?」

「結婚している」と「疲れている」を混同したときの滑稽な会話がいつまでもつづいていたわけではない。ぼくはいかにも疲労困憊していたのだ。そりゃそうだろう。三時間ずっと、文法の説明も、余談も、冗談も、ぜんぶ、スペイン語で進められ、英語の使用は原則禁止だったのだから。泳ぎを教える最上の方法はいきなり水のなかに投げ込むことだとも言われるが、それに似た、あっぷあっぷ状態に、毎日午前中置かれていたのだから、消耗しきっていた。なにしろ、六〇歳を越えた身なんだし。

「descansar(デスカンサール)」という言葉の意味を、辞書を引くわけでもなくいきなり理解したのはそんなときだ。学校から疲れきって帰ってきたぼくを見て、クーカが「¿cansado?」と言い、つづけて「descansar したいか?」と訊いてきたのである。初めて耳にする言葉だったが、「cansa」の音が「**cansado**」にも「des**cansar**」にも入っていることに気がつき、関連した言葉だな、と察知。つづけて、「des」は、英語の「dis」という接頭辞とおなじ役割をしているのではないか、と推測した。

つまり、英語の、たとえば、「like(好き)」と「**dis**like(嫌い)」、あるいは「appear(あらわれる)」と「**dis**appear(消える)」の関係である。「dis」が頭に付くと反対の意味になる。スペイン語でも「des」が頭に付くと反対の意味になるのではないか……ということは、「descansar」は「疲れをとる↓休息する」なのではないか。

「Sí.」と返事すると、二階の自分の部屋に行き、『Pocket Oxford Spanish Dictionary』を引いた。ビンゴ! 「have a rest(休息をとる)」とあった。

そしてそのままベッドに倒れこんだ。目を覚ましたのはクーカが階下から「ミナミ! ¡comida!」と声をはりあげてきたとき。

小一時間、疲れて熟睡してしまっていた。

食後、辞書を引きながら、発見したことを整理した。

「cansado」のもとになっている語は「cansar（カンサール／疲れさせる）」という動詞。「cansado」はその過去分詞で、形容詞としてもつかわれる。

「descansar」は「疲れをとる」という動詞。その過去分詞の「descansado」は「疲れがとれた」という意味の形容詞としてもつかわれる。

ついでに、「casado」も調べる。もとになっている語は「casar（カサール／結婚する）」という動詞。「casado」はその過去分詞で「結婚している」という形容詞としてもつかわれる。

では、「descasar」は「離婚する」という動詞か？

残念ながら、『Pocket Oxford Spanish Dictionary』にその語はなかった。しかし、小学館西和中辞典にはあった。「結婚を無効とする、離婚させる」。ただし、形容詞としての「descasado」はどっちの辞典にもない。

整理しながら考えたのは、子どもはこうやっていろいろ勝手に関連づけながら言葉を覚え、語彙を増やしていくのではないかということ。だから、言語を習得中の子どもはときどき奇妙な言葉をつくりだすのではないかということ。おもしろい言い間違いは言語を習得中であることの証しなのである。

いきなりスペイン語の水のなかに投げこまれてあっぷあっぷしていたぼくは、まさに、子どものように推理と憶測で言語を習得しようとしていた。

スペイン語の「des」という接頭辞が英語の「dis」という接頭辞に相当するのかどうか、ぼくにはとても断言はできない。もしかすると、英語の「de」という接頭辞に相当するのかもしれない。これは反対の意味になる接頭辞として知られている。コンピュータ関連で広く普及した英語の「de-bug」は「bug」の、文芸批評用語として乱用された観もある英語の「deconstruct」は「con-struct」の反対語である。

ところで、じつは、クーカも cansada の状態になりつつあった。クーカとメーラの家には、ぼくのほか、メキシコ人の神学生のアレハンドロが寄宿していたのだが、そっちはキッチンを自由につかいながらの完全な自炊生活をしていた。だから、クーカはなにもしないでよかったし、相手はメキシコ人だから気心が知れていた。そんなところに、ぼくがあらわれたのである。

三食つくってやらなければならないうえに、ほとんど言葉が通じない。妹のメーラは脚が不自由で歩行器をつかっていたから、もとより家事のほとんどはクーカがやっていたと思われるが、そこになにかと手間のかかるぼくが出現したのだ。ぼくの登場から一カ月とすこしたった頃、クーカの膝におおきな膨らみができ、歩行が困難になった。クーカは疲れはじめていたのだ。ジャクルトを飲んでいたのはその前兆だったのだろう。

ある朝、朝食を済ませてぼくが学校に出かけようとすると、足をひきずりながら、ちょっと困ったような顔をして、クーカが声をかけてきた。

「ミナミ……basura(バスーラ)……por favor.(ポル・ファボール/お願い)」

そしてキッチンの隅を指さした。ゴミの入ったビニール袋があった。

以心伝心、というより、これは一目瞭然。「ミナミ、悪いけど、ゴミを出していって」と言っているのだった。

「¿basura?」

「Sí.」と言ってまたビニール袋を指した。こうして、ぼくは「ゴミ」というスペイン語を知った。

以来、朝のゴミ出しは、クーカの膝から膨らみが消えたあとも、ぼくの仕事になった。いや、ゴミ出しがぼくの仕事になったから、膝から膨らみが消えたのかもしれない。

教室では教わる可能性の少ない「basura(ゴミ)」という語と、ぼくはクーカとメーラのキッチンで出会ったのである。それは逃れられない生活用語として頭に定着した。

■「por favor」はなにかと便利な言葉で英語の「please」にあたる。

夜の口笛

ぼくの二階の部屋は道路に面していたから、外の音はよく聞こえた。もっとも、住宅街のなかの道路なので車がばんばん走り抜けるということはなく、鬱陶しくてたまらないうるさい音といったら、車から降りた者たちがドアのロックを確認するために鳴らす長いファンファーレのような、音楽まがいのしつこくて耳障りな音ぐらいだった。「ピッピッ」程度で十分だろうに、えんえんと数分もつづくのである。でも、まあ、そんなようなものが気になるだけだったのだから、静かな環境だったということにはなるのだろう。

ゴミの収集は、日曜をのぞいて毎日大きなトラックが来たが、到着を知らせるのは大きな鈴の音だった。収集員のひとりがトラックよりも一足早く歩いて道端に出されているゴミをチェックしていくのだったが、その男の腰にはでっかい鈴がついていて、歩くたびにそれが鳴りひびくのである。

昼の路上は季節にかかわらずいつも暑かったが、リンリンリンと涼しげな小さな鈴の音がしばしば聞こえてきた。テラスから見ると、黄色と青の縦縞模様のかわいい日傘のついた自転車にのった男が、まわりをきょろきょろしながらゆっくりとペダルを漕ぎ漕ぎしている。アイスクリーム売りである。その姿はなんとも悠々としていてすこぶる優雅。ああいう生き方も悪くないのかも、とまで思わせる風格すらただよっていた。

夜には、ときどきだが、船の霧笛が長く伸びたような、ブオオオーッというくぐもった音が聞こえた。いつもすっかり暗くなった時間で、遠くから聞こえていたかと思うと近くから聞こえてきたりもするから、けっこう不気味。なにかが移動しているのだなとはわかったが、移動の速度が速くてなかなか場所は特定できない。なんであるかがようやくわかったのは、たまたまクーカとメーラと話していた、というか、話そうと奮闘していたときにそれが聞こえたとき。「あれはなに?」と訊くと、クーカは「バナナよ」と教えてくれた。「バナナ?」「行ってくれば」

焼きバナナ売りだった。払い下げの旧式のでかい化学の実験設備のような三輪の屋台で、バナナを焼いて売っている。ひとつ求めると、真っ黒に焼けた皮をさっと剝いて甘いクリームをたっぷりのせてきた。おいしいが、むちゃくちゃ甘い。食べながら家にもどると、「どう?

甘いでしょ」とメーラが愉快そうにクックと笑った。やがて遠くから霧笛が聞こえてくる。なんと素早い移動であることか。どうやって音を出しているのか確認するのを忘れたのにぼくは気づいたが、時すでに遅しだった。

ちなみに、バナナ(banana)という語だが、小学館西和中辞典には「banana」の項があって、「(ラ米)バナナ(の実・木)、▼スペインでは一般に plátano」とある。しかし、クーカは、コミーダのデザートにバナナを初めて出してくれたときは「plátano(プラータノ)」と言い、ぼくがキョトンとしていると、「banana」と言い換えた。だからぼくは、メキシコではバナナは「plátano」であって、クーカが「banana」と言い換えたのは、わたしだって英語のひとつぐらいは知っているのよ、とちょっとがんばったのだとそのとき思ったし、その後も「banana」と彼女が言うのを耳にするたび、またがんばってる、と思いながら聞いてきたのだが、それはこっちの勝手な思いこみだったのだろうか？

英語圏の旅行者のあいだでお馴染みのガイドブック、ロンリープラネットが出している『Mexican Spanish phrasebook』で英語の「banana」を引くと「plátano」とだけ出ている。ということは、やはり、「banana」はメキシコでは英語ないしは外国語のあつかいになっていそうだ。

念のためにネットを調べると、諸説入り乱れていて、「banana」と「plátano」はそもそもちがうものだと説明しているところもある。また、メキシコでは「plátano」で、グアテマラでは「banana」で、エルサルバドルでは「guineo(ギネオ)」で、ベネズエラでは「cambur(カンブル)」だ、と紹介しているところもある。「バス」の例とおなじなのか……まったく、スペイン語は世界に拡散しすぎているためにじつに色とりどりだ。

「甘い」は「dulce(ドゥルセ)」。メキシコ名物の「chile(チレ/トウガラシ)」は「picante(ピカンテ/辛い)」。

夜も遅くなるとだんぜん静かになったが、週に二、三度、一〇時をすぎると短い口笛が鳴った。

ヒューフューヒュー。

酔狂でなにかの曲を吹いているのではなく、合図としての口笛であるのは明らかで、じっさい、その口笛が鳴ると、つづけて、ドアの開く音、錠をカチャカチャと開ける音、短い会話が聞こえた。たいていの場合、最初の短い口笛から最後の短い会話までの時間は数分だったが、たまに、おそろしく長くなるときもあり、そんなときは、ヒューフューヒュー……ヒューフューヒューフューヒュー……と口笛は、遠慮がちではあるが、繰り返し吹かれ、繰り返されるたびに哀切さをおびてきた。そして哀切さがやがて苛立ちに変わり、ついには声になることもあった。少年の声だった。

「ママ！」

口笛にこたえてドアから出てきて門の錠を開けていたのは母親で、一〇時が門限だったのである。そのことがわかってからは夜の口笛は一〇時を過ぎたことを伝える時報のようなものにもなったのだが、口笛が繰り返されたあとに「ママ！」という言葉が連呼されることもしばしばあって、そうなると、スペイン語の「ママ」という言葉にある独特のひびきのせいで、変に心動かされることとなった。

英語だと、「ママ」は「mama」とつづり、まえの「マ」にアクセントがある。あとの「マ」にアクセントがくる場合もあるが、ランダムハウス英和大辞典によれば、それは「幼児語」である。つまり、幼児の言い方である。

ところが、スペイン語では「ママ」は「mamá」とつづり、あとの「マ」にアクセントがある。英語では幼児の言い方とされている発音がスペイン語ではふつうの発音だということだ。

声にだして言ってみるとわかるが、あとにアクセントがくると、なるほど、すごく甘えたひびきになる。いかにもママになにかを求めているかんじがただよう。だから、静かな夜の一〇時過ぎに、明らかに幼児ではない男の声が幼児さながらに「ママ！……ママ！……ママ！」と訴えるように言っているのを聞かされると、いい年をした男が母親にじゃれついているところをこっそり覗き見しているような妙な気分にもなってきて、こっちの胸はざわざわと落ち着かなくなるのだった。

門限破りの常習犯の息子はミドルティーンのいかにもやんちゃそうな少年で、ペドロという名前であることは後日知った。かれを見かけるたび、いつまでもママにじゃれついてんじゃねえよ、とこっちはなんだかほくそ笑んでしまうのだった。

Nivel 1 の授業で、メルセデスが、メキシコでは家族のつながりが強い、と話してくれたことがあった。大家族が多く、結婚してからも同居しているケースが少なくない、と。なにしろ、メキシコは貧しいから、簡単に新居を構える余裕なんかないのよ、と。

その話をつぎの Nivel 2 の授業でラウルに言うと、そのとおりではあるけどね、と認めてから、得意のニヤリ顔になってウフフと笑いながら、つぎのようなことを(たぶん)言った。

大家族だけどね、どこも母親がすごくうるさい、たとえば、ぼくの友人にいま三八歳で独身というのがいるけど、その母親なんかもすごくうるさい。友人が夜にどこかに出かけるとするでしょ、すると、「おまえ、何時に帰ってくるの、今日は？」と訊くんだから。いつもきまって。三八歳なのによ。

ということは、門限に遅れたがためにママになかなか家に入れてもらえない男たちは、メキシコにはけっこう多いのかもしれない。

「パパ」もまた「papá」とアクセントは後ろに来る。アクセントが前に来る「papa」は「ジャガイモ」である。

暑い昼、優雅なアイスクリーム売りの鈴の音とは対照的に、週三回、ほぼきまった時刻、どでかい声がきまって近所にとどろいた。

ボナフォン……アグア……アグア……アグア……ボナフォン……アグア……

バリトンのパワフルな声で、うるさいというかんじはない、耳にとても心地よい渋い声である。大声だが、ぜんぜんかすれてなんかいない。微妙に間をとりながら「アグア」と叫ぶ。

「アグア(agua)」とは「水」で、つまり水売りなのだ。ミネラルウォーターを売って回っている。

メキシコでは、蛇口からはふつうに水が出るが、口に入れてはいけないことになっている。蛇口からの水は、ぜんぜん濁ってはいないが、洗い物、洗濯、シャワーといったことにつかうだけで、飲んだり料理したりするのにはミネラルウォーターをつかう。学校の初日のオリエンテーションでも「蛇口からの水は飲まないように」としっかり注意されたし、学校のロビーにはミネラルウォーターのはいった大きなプラスチックの樽が常備してあって、それが飲み水だった。街を歩いているひともほとんどがミネラルウォーターのボトルをもっているし、タコスの屋台にも大きなプラスチックの樽がある。ぼくも、毎朝授業に出かけるときはかならず近所のミニ・スーパーに寄って冷えた一リットルのボトルを買い、授業から帰ってくるときには大きな安売りスーパーで一・五リットルのボトルを購入した。近所のミニ・スーパーでの一リットルは八・五ペソ(約六八円)だが、安売りスーパーの一・五リットルは六・五ペソ(約五二円)でかなりお得。水は必需品だから、ぼくもそれなりにやりくりしていたのである。

水売りが売っているのは、ぼくが買っているような小さなボトルではなくて、二〇リットルのプラスチックの樽である。ふつうの家庭ではそれを使用しているのだ。樽ひとつで二四ペソ(約一九二円)だから、そうとうお得である。週三回まわってくるのは、だいたいその頻度で樽も空になるだろうという計算からなのだろう。顧客はきまっているので、水売りは、それぞれの顧客の家のそばに近づいていっては、「アグア」と美声を発して反応をうかがうのだった。オクーカは、キッチンの隅っこの専用スタンドにおいた樽をちらりと見やり、必要なときは、オーとかウーとか声をだして呼びとめたが、必要でないときは、まったく知らんぷりをきめこんでいた。

あるとき、向かいの家(母親とじゃれついてばかりいるペドロの家の隣りの隣り)のばあさんの反応が遅れた。ばあさんの家の門のまえでも水売りは「アグア」とバリトンの美声を発していたから、ばあさんはトイレにはいっていたかシャワーを浴びていたか、あるいはひょっとしてでかい息子にじゃれつかれていたかして、オーともウーとも言えなかったのかもしれない。門から出てきたときは水売りのトラックはちょうど走り去ったところだった。

「アグア……アグア……」

今度はばあさんが叫ぶ番だった。しかし、水売りの力強いバリトンとは比べものにならない弱々しいかすれ声である。トラックは行ってしまった。肩をおとして門のなかへ引き返していくばあさんの姿がテラスから見えた。

ところが、まもなくバリトンはもどってきたのである。声が聞こえたとは思えないから、ばあさんの声を耳にしただれかが「まだ一軒残ってるよ！」と伝えでもしたのだろう。ばあさんの家の前にトラックをとめると、二〇リットルの樽をかついで、無言で門のなかにすたすたはいっていった。

水売りが叫んでいた「ボナフォン(Bonafont)」とはブランド名で、メキシコではポピュラーな銘柄である。しかしバリトンの水売りは、秋になると、新興のブランドのものをあつかうようになり、暑い昼間にとどろくバリトンは「アグア……アグア……アグア」だけになった。しかし、顧客は減らなかった。少なくともクーカとメーラは新ブランドの水をつかうようになった。ブランドよりも美声と細やかな気配りが好きだったのだろう。新ブランドもそこに目をつけて、きっとバリトンをヘッドハンティングしたにちがいない。

■アイスクリームは「helado(エラード)」、氷は「hielo(イエロ)」。

過去形なしでは生きていけないのだが

動詞から過去形と未来形が奪われたら、いったい、どういうことになるか。現在形だけで話をしなければいけない状況に追いこまれたら、いったい、どんなことが話せるか。そんなこと、あまり考えたことはなかったのだが、Nivel 1 と Nivel 2 のクラスで初めてそういう状況におちいり、身もだえした。

未来形を奪われるのは、しかし、まだいい。もちろん、あったほうがいいが、未来形は現在形でも代用できるところがあるから、なしでもなんとかしのげる。

なにより困るのは過去形のほうだ。過去というのは、言うまでもなく、ものすごい勢いでつくられていくから、なにか話をしようとしたら、どうしたって過去形が必要になってくる。じっさいの話、ひとは、過去を振り返りながら文化を築いてきたと言ってもいいだろう。ひとが生きるうえでの知恵と力をあたえてくれてきた多くの物語は、その原型はというと、昔話である。それらは「昔々あるところに」と始まる昔の話なのだから、基本の時制は過去形だ。さりげなく現在形が混じってくることもあるが、それは話を強調するためだったり、話の流れを滑らかにするためだったりという、話し方のいわばひとつの技法であって、過去形で話しているのだという前提があってのことである。

昔話を源流にもつ世の小説のほとんども、過去形で書かれている。現在形だけで、あるいは、未来形だけで書かれている小説もないわけではないが、たいてい実験的な作品のあつかいをうけている。

物語というかたちになっていない場合でも、多くのひとの体験談がひとに生きるヒントをあたえているのはご存知のとおりだ。そんな体験談も、もちろん、過去形で語られる。そこでもまた現在形が混ざってきたりするが、それもまた、物語の場合とおなじで、語りの技法としてつかわれるだけのことだ。

過去形なしでは、過去なしでは、ひとは生きていくことはできないのである。

メキシコをはじめとして、中南米の土地は、一六世紀前半から、スペインの侵略者たちによってほぼことごとく破壊された。メキシコシティに出かけたとき、遺跡観光でピラミッドがあるテオティワカンへ行ったのだが、ガイドに連れられてマイクロバスでそこへ向かう途中、小さな川をわたった。ガイドに言われて目をやってようやく確認できるようなとても小さな川だったのだが、そこには大きな過去が隠れていた。

「メキシコシティは、アステカ帝国の時代は大きな湖にうかぶ都市でした。その湖の名残がこの水路と、それと、ソチミルコにある水路です」

ガイドはそう言ったのだ。

湖はどこへ行ってしまったのか？

侵略してきたスペイン人たちが埋め立ててしまったのである。

湖に浮かんでいたその都市の美しさについては、スペイン人のカトリックの聖職者のひとりが、夢でも見ているのではないかと思った、と感想を書き残しているほどなのだが、スペイン人による、アステカ帝国のその都テノチティトランの大改造プロジェクトは、一六世紀の前半からはじまり、およそ半世紀のうちに、アステカ帝国を想起させるものをほとんど消し去った。寺院も破壊されて、その石材でカトリックの教会が建てられた。メキシコの街のどこにも中心部には「zócalo（ソカロ／中央広場）」があるのだが、メキシコシティの広大なソカロのそばには壮麗なカトリックのカテドラルが建っていて、いまではメキシコシティ随一の観光の名所になっている。しかし、その下にも、アステカ帝国の寺院が眠っていた。それが発掘されたのは二〇世紀もそろそろ終わろうという頃である。ソカロの下にこのほかアステカのどんなものが眠っているのか、というか、アステカのどんなものが見えないものとされたか、いかに過去が抹殺されたか、は想像もつかない。

カトリックの聖職者であったラス・カサスが、一六世紀半ば、これは自分の見聞きしたことであって真実である、とスペイン国王に報告した『インディアスの破壊についての簡潔な報告』を読むと、スペイン人の侵略者たちがおこなった大改造プロジェクトとは、すなわち、先住民であるインディオたちのすべてを抹殺することだったのがよくわかる。すべて、というのは、肉体的に抹殺するだけではなく、かれらがそれまでもっていた記憶と価値観をも抹殺するということである。インディアスとは、訳者の染田秀藤の注を拝借すると、「スペイン人が発見、征服した地域を総称して、当時インディアスと呼んでいた。おおむね現在の西インド諸島、南アメリカおよび北アメリカの一部を指す」のだが、メキシコのあたりはNueva España(ヌエバ・エスパーニャ／新スペイン)と呼ばれるようになっていた。インディアスのほぼ全域が、肉体的な抹殺、つまり、大虐殺の凄絶なキリングフィールドと化していることを、ラス・カサスは、ほんと？ と眉に唾をつけたくなるほどの、凄まじい数字をあげて伝えている。とても薄い文書だが、てきとうにぱらぱらめくっていっても驚異的な数字がそこかしこにある。たとえば――

「両島(注・ジャマイカ島と現在のプエルトリコ島)には、かつて六〇万人以上、いな、一〇〇万人を越える人が暮していたであろうが、今ではそれぞれ二〇〇人ぐらいしか生き残っていない。」

「一五一八年四月一八日にヌエバ・エスパーニャに侵入してから一五三〇年にいたる一二年の間ずっと、スペイン人たちはメキシコの町とその周縁部で、(中略)この四五〇レグワの領域で老若男女を問わずすべてのインディオを短刀や槍で突き刺したり、生きたまま火あぶりにしたりした。結局、彼らは四〇〇万以上の人びとを虐殺した。」

そして随所でこうも嘆く。

「キリスト教徒たちはまるで猛り狂った獣と変らず、人類を破滅へ追いやる人々であり、人類最大の敵であった。(中略)インディオたちが数人のキリスト教徒を殺害するのは実に稀有なことであったが、それは正当な理由と正義にもとづく行為であった。しかし、キリスト教徒たちは、それを口実にして、インディオがひとりのキリスト教徒を殺せば、その仕返しに一〇〇人のインディオを殺すべしという掟を定めた。」

ラス・カサスはカトリックのキリスト教徒である。殺戮をつづけるキリスト教徒たちはニセのキリスト教徒だ、と言いたくてたまらなかったのだろう、と共感できるところも少なくない。だが、そんな善良なカトリックであるラス・カサスは、善良だからこそだろう、インディオたちの寺院を破壊してカトリックの教会を建てているという、記憶と価値観の抹殺のほうについては無自覚で、ほとんど言及していない。

過去を持たないようにされたそんなメキシコだが、その地で侵略者たちが残していったスペイン語を学習しはじめたぼくは、数カ月、過去を語れなかった。

なぜか。

Nivel 1とNivel 2のクラスでは現在形しか教えてくれないので、過去形がつかえず、過去を語ることができなかったのである。

「過去」は「pasado(パサード)」で、「未来」は「futuro(フトゥーロ)」。「昨日」は「ayer(アイエール)」で、「明日」は「mañana(マニャーナ)」。ところが、「pasado」+「mañana」の「pasado mañana」は「あさって」という意味である。「過去」+「明日」がなんで「あさって」? となかなか頭に入ってこなかった。ここでの「pasado」は「過ぎ」という形容詞なんだそうで、それゆえ「明日過ぎ＝あさって」ということらしいが、なんだかねえ……。「いま」は「ahora(アオラ)」、も

っと瞬間的な「いま」は「ahorita（アオリータ）」。「今日」は「hoy（オイ）」。

ぼくがメキシコにいた二〇一〇年はサッカーのワールドカップが南アフリカで開かれたときで、決勝戦の日は、テレビ中継をしている午後、グアダラハラの中心部にある人気のレストランでちょうど食事をしていた。店のなかには、大きな薄型テレビが四隅に置いてあって、どこからでも見られるようになっていた。

開幕戦の日は、メキシコシティにいたのだが、サッカーの中継からは逃げだした。広大なソカロを見下ろすホテルの部屋に泊まっていたのだけれど、ソカロにはとんでもなくでかいスクリーンが五、六カ所に設置してあり、ワールドカップの観戦場となっていたからだ。開幕戦は主催国の南アフリカ対メキシコである。ソカロの周辺は「メヒコ！ メヒコ！」と声をはりあげるひとびとで前夜から盛り上がっていて、真夜中になると、ソカロで観戦するためにわざわざ部屋をとっていたのか、両隣りの部屋に酔っぱらいどもが入ってきて、ひときわでかい声で「メヒコ！ メヒコ！」とわめきたてた。テオティワカン遺跡を見物するツアーを明日にしておいてよかった、とつくづく胸をなでおろしたものだ。翌日になってみると、じっさい、ソカロの周辺は厳重警戒態勢で、ホテルのまわりは警官だらけだった。

「いやあ、この道がこんなに空いていることはまずないんです。ワールドカップのせいです、みんながテレビを観てる」

テオティワカンへ向かうマイクロバスのなかでガイドは言った。運転手が試合経過を伝えた。

「まだゼロ・ゼロ。引き分けがいい。それがいちばん平和だから」

そしてぼくはその途中でメキシコの抹殺された過去を物語る小さな川を目撃することになったのだが、それについては前節に書いた通りである。

ぼくがグアダラハラのレストランの大型テレビで観たワールドカップの決勝戦は、スペイン対オランダだった。長いことゼロ・ゼロで、ほぼ終了近くになって、スペインがゴールを決めた。レストラン中にドッと叫び声があがったが、サッカーのゴールの瞬間は、どこが入れようが叫び声はかならずあがるものだし、まして、サッカーが大好きなメキシコである、その声は大きかった。かつての宗主国、というか、侵略国であるスペインがゴールを決めたことでメキシコ人たちが歓声をあげたわけではなかったろう。ゴールの瞬間以降は、いたって静かなものだったのだから。

翌日、スポーツ好きでもあるメルセデスは「あたしはオランダに勝ってほしかったな」と言った。そう思う彼女の真意のくわしいところはわからないが、こっちは、ウルグアイの作家エドゥアルド・ガレアーノの『収奪された大地』を読み終えた直後だっただけに、オランダがインディアスにたいしてかつておこなっていた間接的な侵略のことを思いださざるをえなかった。ラス・カサスの文書がラテンアメリカが破壊されたことについての「簡潔な報告」だとすると、ガレアーノの書は「詳細な報告」である。膨大な数の資料にあたり(ラス・カサスのものもちろん入っている)、ラテンアメリカの富がいかにほかの国々に奪われてきたかを、ていねいに、かつ、ドラマティックに描いている。新装版序文のほぼ冒頭にあらわれる「われわれラテンアメリカ人が貧しいのは、われわれの踏んでいる大地が豊かだからだ」という言葉は不気味な力強さがあって衝撃的だが、そのことを細かく証明するためにこの本は書かれたようだ。

ラス・カサスの文書にも、スペイン人たちはインディアスの鉱山から「金」や「銀」を闇雲に奪っているという報告はされている。しかし、虐殺があまりにも凄絶なので、その金銀が目当てなのだという虐殺の理由のほうは若干かすんでしまっている。そこのところを、植民地における富の略奪の内実を、ガレアーノは無数の例を引いて語っていく。なにより圧倒的なのは、インディアスからスペイン人が奪った金や銀はスペイン王国を潤すことはなかったという報告だろう。当時のスペインはバブル的に浮かれてはいたものの、じっさいは莫大な借金をヨーロッパの他の国にしていて、インディアスから得た金や銀はその返済にあてられていた。インディアスから得たものの「三分の一近くはオランダ人とフランドル人の手にあり、四分の一はフランス人が握り、ジェノヴァ人が二〇パーセント、イギリス人が一〇パーセント、ドイツ人が一〇パーセント弱を牛耳っていた(中略)アメリカはヨーロッパのビジネスだったのである」。

この「アメリカ」はインディアスのことだが、ガレアーノの大著は、「ヨーロッパの資本蓄積のための植民地における代理人として振舞うことは決してなかった」「アメリカ合州国」の略奪まで、雄弁に語る。

二〇一〇年のメキシコは、イダルゴ司祭の叫びとともにはじまった一八一〇年の独立運動から二〇〇年に、一農民サパタの決起とともにはじまった一九一〇年の革命から一〇〇年にあたっていて、記念の紙幣や硬貨も発行されていた。もしもワールドカップで勝っていたら、たいへんな騒ぎになっていたことだろう。

「サッカー」は「fútbol(フトボール)」、「サッカー選手」は「futbolista(フトボリスタ)」。「試合」は「partido(パルティード)」、「チーム」は「equipo(エキポ)」。

「カトリコは悪です」

こっちで知り合った若い警官はぼくにそう言った。聖書を熱心に読む新興宗教の敬虔な信者で、日本語を猛烈に勉強している青年だったが、ためらいもなく、きっぱりと言った。

また、学校のラウルがなかばシニカルに「カトリコはつぎつぎとインディオを殺しては十字を切っていた」と言い、「自分はどちらかというと不可知論かな」と話したことについては前にも書いた。

メキシコは、国民の九〇パーセントがカトリックだというが、わずか一〇パーセントの少数派にたてつづけにぼくは会ってしまったのか。それとも、名目上の数字と実態は、じつは、ちがってきているのか。

もっとも、カトリックの教会がずっと独占的に大きな力を悠々とふるってきたのかというと、けっしてそうではない。外国資本の進出をどんどん許して独裁政治をすすめていたポルフィリオ・ディアス大統領への反発からメキシコ革命がはじまったのは一九一〇年で、それから三〇年近く、混乱につぐ混乱がつづくことになるのだが、そんななか、カトリックへの締めつけが強くなった。長いこと政治に影響をあたえつづけてきたカトリックの教会に不信感を抱く勢力がはげしく声をあげるようになり、憲法の改革をすすめる議会でも、「教会と聖職者をメキシコから追放すること」を主張して、聖職者を「吸血鬼、泥棒集団、無法者、ペテン師、詐欺師」と罵倒する者まであらわれるにいたった（国本伊代著『メキシコ革命とカトリック教会』）。そして一九一七年に制定された憲法では教会にたいする締めつけが強くなり、州によっては教会と聖職者の数を大幅に制限するところも出てきた。

そんな動きをカトリックへの迫害ととらえ、メキシコのカトリック迫害についての本を書くという契約でメキシコへ出かけていったのが、イギリスのカトリックの作家、グレアム・グリーンである。メキシコを舞台にしたグリーンの『権力と栄光』が出たのは一九四〇年だが、一九三七年からほぼ一年メキシコに滞在したときの経験の産物だ。

ぼくはそれをメキシコで読んだ。前に読んだことがあるかどうかは記憶になかった。メキシコがどんなふうに書かれているか、なによりそれが知りたくて読みはじめた。すると、あるある、太陽が強烈だという趣旨の表現が、はじめの二五ページのなかに早くもてんこもりだ。「燃えるようなメキシコの太陽」、「焼けつくような小さな広場」、「太陽が白熱した金棒のように」、「熱い道路」、「きびしい太陽の日射し」、「焼けつくような道路」、「太陽をさけて休息する」、「明るくぎらぎらした太陽の日射しの下」……ざっと拾っていってもこんな具合。そんな太陽の烈しさから逃れるための「木陰」や「日陰」という言葉もかなり多い。「暑い」、というか、「熱い」が、やはりグリーンにもメキシコの激烈な印象として残っていったのだな、とよくわかった。

しかし、メキシコがどんなふうに書かれているか、そのへんを知りたくてこの本を読みはじめたぼくとしては、なんどか「？」の想いにとらわれた。根本のところで読み違えているのか、とさえ考えた。

舞台となるのは教会の廃絶を決めた州。そこではカトリックの神父は、殺されるか、ないしは、俗人同様に結婚することで通俗化するか、のいずれかの選択を強いられた。少なくとも、グリーンの小説によれば、そういうことであり、そのどちらも選ぶことのできない、しかし、ちょっとした気のゆるみから私生児をつくってしまった、酒好きの破戒神父が、殺されまいとして逃げ回るのが大筋である。そして、その神父を、カトリックを悪と信じてやまない警部が執拗に追いかけていくという設定。話としては、逃げる者と追いかける者、テーマとしては、神とのかかわりかたと信仰の深度、ということになっていて、さすがはグリーンの自信作、おおいに読ませる。一九七一年に新たに寄せた序文では、「わたしが今まで書いたいかなる小説よりも多くの満足をわたしに与えた」と書いているし、また、刊行五〇周年の一九九〇年に記念版が出たときは、ハヤカワ epi 文庫の安徳軍一の解説によれば、「多分、技巧面で言えば、『権力と栄光』が自分の最高傑作だと、今でも考えているね」と語っていたらしいから、本人はそうとう気に入っていた作品なのである。

神父は逃げる。警部は追いかける。それは迫力満点なのだが、しかし、このふたりが、とりわけ神父のほうが、ぼくにはどうしてもメキシコ人に思えなかった。メキシコ人の神父なら、自分の信仰の深度のことばかり考えてはいないで、遠い昔にスペインから来たカトリック教徒がいかに先住民の宗教を抹殺していったか、いかに先住民をたわむれに殺していったか、に想いをめぐらしてもいいだろうに、ぜんぜんそっちのほうには頭がはたらかないのである。また、混迷する革命であるとはいっても、それが目指すものがなんなのか、心ある神父ならすこしは知恵を働かしてもよさそうなものなのに、そういうこともない。

思うに、グリーンは、きっと、信仰の深度というテーマの追究に夢中になるあまり、神父がメキシコ人であることを忘れたのだ。そして、メキシコの事情とは関係のない、宗教弾圧のなかで苦悩する宗教家の問題という、高度かもしれないが、ある意味、とても抽象的な話にしてしまった。そんな問題がおもいっきり追究できたから、本人としては、「多くの満足」を得ることができたのだろう。

でも、ラス・カサスやガレアーノの本を読んでしまい、また、新興宗教の警官や不可知論の教師にも遭遇したぼくには、メキシコのカトリックの歴史にほとんど目を向けていないところがどうにも物足りなかったのである。

「教会」は「iglesia(イグレシア)」、「神父」は「padre(パードレ)」、警官は「policía(ポリシーア)」。

オリンピック前夜の大量虐殺

英語を勉強しはじめた中学生のときも、思いだしてみれば、動詞の勉強は現在形からはじまっていた。しかし、そのときは、過去形がつかえない、過去が語れないことになんら痛痒はかんじなかった。若いから語るほどの過去がなかった、ということではない。だって、「きのう、××ちゃんと遊んだんだけどさあ」程度の過去は、どんな小さな子どもだって持っているのだから。

痛痒をかんじなかったのは、語る必要がなかったから、英語で語る必要が生じなかったからである。英語を勉強するのは学校や塾だけで、そういった学習空間から一歩外に出れば、あとは日本語がつかえるので、英語の過去形を知っているかどうかなど、どうでもいいことだったのだ。

しかし、メキシコでスペイン語を勉強しはじめたら、学校という学習空間から一歩外に出てもなおスペイン語をつかわなければならず、そうなると、「いやあ、やっと授業が終わったよ」等々、ただちに過去形が必要となってくるのだった(「やっと授業が終わった」には過去形よりも現在完了形がふさわしいですが)。メキシコ人のだれかと親しくなれば、「どう、元気」のあいさつぐらいは交わすようになり、そうなると、近況の報告をすることにもなり、近況というのは過去の出来事の報告だから過去形をつかわなければならない。なのに、過去形がつかえない、知らないのだから、おおいに身もだえすることになった。たとえば――

「¿Hola, qué tal?(オラ・ケ・タル/どう、元気?)」とメキシコ人が訊く。

「Bien, bien.(ビエン・ビエン/元気です)」とぼくは答える。ここまでは問題ない。

「¿Qué hicisite al fin de semana?(ケ・イシステ・アル・フィン・デ・セマーナ/週末はなにしてた?)」とメキシコ人が訊く。この質問がなんとか理解できたとしても、問題はこれへの返事だ。週末はぼくは靴屋に行き、靴を買った。しかし、過去形がつかえないので、しかたなく現在形で言う。

「Voy a la zapatería.(ボイ・ア・ラ・サパテリーア/靴屋に行きます)Compro los zapatos.(コンプロ・ロス・サパトス/靴、買います)」

まあ、この程度の会話ならば、相手の質問に現在形で答えつづけてもたいして支障はないが、しかし、もどかしい。苛立たしい。くやしい。うまく息継ぎができていないような気分になる。それに、過去のことであるのをどうしても強調したいときもあって、そういうときは現在形を口にしながら、同時に、片手の親指を立てて自分の背中の彼方を指すというような、まさにヨガにも似た、奇妙なジェスチャーをして、過去のことであることを示していたりもしていたので、けっこう疲れた。このジェスチャーで相手はたいがい了解し、わかってるよ、ご苦労さん、とばかりにぼくが口にしている現在形の動詞の過去形を教えてくれたりもするのだったが、それを覚えるほどの余裕は、このジェスチャーですっかり疲れてしまっていて、こっちにはとてもなかった。

「voy」は「ir（イール／行く）」の一人称単数の現在形。「compro」は「comprar（コンプラール／買う）」の一人称単数の現在形。「行く」と「買う」は、日常生活でよくつかう言葉だからだろう、早くに覚えた。「hiciste」は「hacer（アセール／する／英語の do）」の二人称単数の過去形。お気づきだろうか、英語だと「I」とか「you」とか主語をはっきり言うのが定例だが、スペイン語では「yo（＝I）」とか「tú（＝you）」は言わなくてもいい。動詞で主語はわかるということになっている（らしい）。

って過去形を教わるようになったのはNIvel 3(tres/トレス)& Nivel 4(cuatro/クアトロ)に入ってからである。授業は一転、過去形漬けになった。

そんなある日、おもしろい宿題がでた。宿題は、Nivel 1 & Nivel 2のときも毎日のようにだされていて、おかげで、「tarea(タレア/宿題)」という語は早々と覚えたのだったが、NIvel 3かNivel 4のクラスでその日にでたtareaは、課題が秀逸だった。特定の動詞の変化を覚えてこいとか書いてこい、というのではなくて、いまはもう亡くなっているだれかの紹介文を作成してこい、というのである。つまり、だれかの小伝を書いてこい、という。それをクラスでプレゼンせよという。

うまい課題だ。亡くなっている人物について書くとなったら、動詞は必然的に過去形をつかわざるをえなくなる。過去形を書かせ、かつ、自分なりの表現もさせるという趣向である。ぼくは手塚治虫の小伝を書くことにして、ウィキペディアを参照しながら、まずは年譜を日本語でつくった……

一九二八年、生まれた。小学生のときから漫画を描いていて、先生や同級生にもその漫画は人気があった。

一九四六年、医学部の学生だったときに、新聞に漫画を連載して、漫画家としてデビューした。


一九四七年、長編漫画がベストセラーとなり、学生をつづけながら漫画をつぎつぎ描いた。

一九五〇年、『ジャングル大帝』の連載を雑誌で開始した。

一九五二年、『鉄腕アトム』の連載を雑誌で開始した。

一九五三年、『リボンの騎士』の連載を雑誌で開始した。

一九五四年、『火の鳥』の連載を雑誌で開始した。


整理しながら、へえ、そうだったのか、と二〇代の早い頃から後々代表作となる作品をつぎつぎ描いていたことをあらためて知って感心したが、それはまた別な話。たいへんなのは、こっちの頭に浮かんだ動詞の過去形をいちいち作らなければならないということだった。「生まれた」とか「描いていた」とか「学生だったとき」とか、ぜんぶ過去形なのだから。

しかも、スペイン語の過去形には、①瞬間的な過去をあらわすもの、②継続的な過去をあらわすもの、の二種類があって、活用が異なってくるから始末が悪い。①は日本で教わる文法では「点過去」という（ぼくは「pretérito（プレテリト）」と教わった）。②は「線過去」という（ぼくは「imperfecto（インペルフェクト）」と教わった）。どっちなのか判断しなければならないし、どっちかに決まったらその活用形を作成しなければいけない。「生まれた」は瞬間的なものだから①で、「描いていた」と「学生だったとき」は長時間にわたるものだから②である。それに、手塚小伝のイントロとして、たとえば、「世界で、そしてメキシコでも人気のあるアニメですが、それらの多くに大きな影響をあたえた漫画家に手塚治虫がいます」といったような文が必要だろう。となると「人気のあるアニメですが」のところは動詞は現在形だ。また、生涯を紹介する以上、いつ亡くなったか、つまり「死んだ」時期も言わねばならない。「死んだ」は瞬間的なものだから①である……

いまはもう亡くなっているだれかの紹介文を作成してこいという tarea は、じつは、点過去形と線過去形と現在形が入り混じった複雑な文を作ってこいという、じつにしんどい tarea だったのである。

しかし、あらためて考えてみると、母語を学習するさい、幼児は現在形から学ぶようなことはしていない。現在形も過去形も未来形も、ごちゃまぜのまま、日々受けとめて学習しているはずで、時制が入り混じるのはことばのふつうのありかたなのである。

未来形がない分だけありがたいと思え、と自分に言い聞かせながら辞書を引きまくることになった。コミーダの前にサッとかたづくわけはなく、コミーダのあともズルズルと悶々としながらとりくんだ。おおいに疲れた tarea だった。

この小伝の tarea のおかげで「nació（ナシオ）」と「murió（ムリオ）」という語をしっかり覚えることになったのはクラスでぼくだけではないだろう。「nació」は「nacer（ナセール／生まれる）」の三人称単数の点過去形、「murió」は「morir（モリール／死ぬ）」の三人称単数の点過去形なのだから。

『鉄腕アトム』は、英語圏のみならずスペイン語圏でも、英語の『Astro Boy』。また、「宿題」は、メキシコでは「tarea」だが、スペインでは「deberes（デベレス）」らしい。

テクストにも過去形をつくらせる問題文がつぎつぎあらわれた。まさに習うより慣れよの連射攻撃である。年月日を明記した、おもにメキシコをふくむ中南米の歴史を報告する文章がずらりと並んだページもあって、現在形で書かれている動詞を過去形になおすように求めていた。たとえば、「一四九二年一〇月一二日にコロンブスが新世界を発見する。現在のドミニカ共和国に到着する。そこを「La Española（ラ・エスパニョーラ）」と名づける。」と現在形で書いてある文章の「発見する」と「到着する」と「名づける」を過去形に変える。

あるいは、「一九六七年一〇月二〇日にポポカテペトル火山が一六六五年以来はじめて噴火する。」の「噴火する」を過去形に変える。

聞き慣れない固有名詞もたくさんあったし、その他の名詞や形容詞にも見慣れないものがかなりあって、文章ぜんたいを即座に理解することは到底不可能だったが、課題は動詞を過去形に変えることである。だから、動詞だけを見て、教わった変化の規則をおもいだし、過去形を書けばそれで済む。書いてある中身などは気にしなくても機械的にかたづけられる作業だった。そうやって変化の規則を頭に入れさせるというのがこの課題の趣旨でもあったろう。

しかし、そんななかに、ひとつ、不穏な動詞が混じった文がいきなりあらわれた。

「一九六八年一〇月二日に三文化広場で、軍はデモをしていた多数の学生を**殺害する**。」

課題は「殺害する(asesinar／アセシナール)」を過去形に変えることであり、「asesinar」は、語尾が「ar」の、規則的に変化する動詞だから、過去形に変えること自体はむずかしくはない。しかし、「多数の学生を**殺害した**」とはいったいなんだ、と、いきなりあらわれたメキシコの現代史の出来事に、メキシコの過去に目をみはった。

しかも、そんな不穏な語をふくむ文につづいてつぎのような課題文があらわれたのである。

「一九六八年一〇月一二日にメキシコ大統領のグスタボ・ディアス・オルダスは第一九回オリンピック競技会という「友愛の競技会」を開会する。」

この文も、課題は「開会する（inaugurar／イナウグラール）」を過去形に変えることであり、この動詞も語尾が「ar」だから、変えるのはむずかしくはない。しかし、二つの文をよくよく見れば、一九六八年一〇月二日に軍による学生の大量殺害があり、それから一〇日後の一二日にはオリンピックが始まったということではないか。いよいよ穏やかではない。

一九六八年にメキシコシティで開かれたオリンピックは、中南米で初めて開かれたオリンピックで、ウィキペディアを参照すると、サッカーでは日本がメキシコを破って銅メダルをとり、マラソンでは君原健二が二位になったとある。でも、このオリンピックでいちばん印象が強烈だったものは、当時のアメリカでおおいに盛りあがっていた黒人たちの運動、いわゆるブラックパワーの影響がスタジアムにあらわれたことだ。陸上の男子二〇〇メートルでアメリカのトミー・スミスが世界記録で金を、オーストラリアのピーター・ノーマンが銀を、アメリカのジョン・カーロスが銅をとったのだが、表彰台に立った二人のアメリカ人（黒人）の行動が世界中をおどろかせた。ウィキペディアから引用すると——

「二人のアフリカ系アメリカ人選手は黒人の貧困を象徴するため、シューズを履かず黒いソックスを履いてメダルを受け取った。さらにスミスは黒人のプライドを象徴する黒いスカーフを首に纏い、カーロスはクー・クラックス・クランなどの白人至上主義団体によるリンチを受けた人々を祈念するためロザリオを身につけていた。一方でノーマンも他の二人に同調、三人で「人権を求めるオリンピック・プロジェクト(Olympic Project for Human Rights 略称OPHR)」のバッチを着用した。カーロスは当初身につける予定だった自分の黒グローブを忘れたが、ノーマンがスミスのグローブを二人で分かち合うよう提案し、スミスが右の手袋を、カーロスが左の手袋をつけることになった。そしてアメリカ国歌が演奏され、星条旗掲揚されている間中、スミスとカーロスは、目線を下に外し、頭を垂れ、高々と握り拳を突き上げた。会場の観客からはブーイングが巻き起こり、この時の様子は世界中のニュースで取り上げられた。」(ブラックパワー・サリュート)

このシーンは、ぼくはテレビの映像か新聞の写真で見たのだったが、鮮烈に覚えている。なにしろ、当時のぼくはアメリカ文学を読みはじめてまもない頃で、アメリカで活発になっていたブラックパワーの動きにはおおいに関心があった。それがメキシコのオリンピックにまで現れたのだから、そのドラマチックさにはほとんど感動すらした。

しかし、そんなオリンピックの一〇日前に当のメキシコシティで学生が軍によって大量に殺されていたとは！　さっそく調べてみると、その大量殺害の被害者は二五〇名を越えているとも三〇〇名を越えているとも言われていて、しかも現場の三文化広場は、数日後にはなにごともなかったかのようにきれいになり、そしてオリンピックを迎えたのだという。

一九六八年は、反体制の学生運動が世界中で巻き起こった年だった。パリの五月革命も主導したのは学生たちだったし、日本でも多くの大学に全共闘が出現したし、アメリカでもベトナム戦争と人種差別に抗議する学生たちの動きが活発化してスチューデント・パワーという言葉が生まれるようにまでなっていた。そしてメキシコでも同様だったのである。三文化広場で軍が大量の学生たちを殺害した日にいったいなにがどのように起きたのかを膨大な数の人間の証言だけで構成して『トラテロルコの夜』を書いたエレナ・ポニアトウスカによれば、中南米で初めて開かれるオリンピックということで政府は「メキシコは模範的国家であり、ラテンアメリカの未来はひたすらわが国の進歩と安定にかかっている」のをアピールするために躍起になっていた。それにたいして、「貧困、裸足の人びと、栄養失調で腹の膨れた子どもたち、食べるに事欠く農民たち、これまでもこれからも忘れられた人びとにとって敵対的な社会とそれを横切る階級間の深い溝」を意識する学生たちは、オリンピックをやっているどころではない、と主張し、「オリンピックは要らない！革命を望む！」のスローガンを掲げて運動をつづけていた。そして、オリンピック開催の一〇日前の一〇月二日、三文化広場に抗議のために集まった学生たちの多くが殺されたのである。

かれらも、生きていれば、いまはぼくとおなじ六〇過ぎの年齢になっていたのだから、この史実には衝撃をうけた。と同時に、テクストは学校のオリジナルなのだが、過去形を作成する課題をとおしてメキシコの現代史をさりげなく教えようとするそのやりかたにすっかり感服する。語学教育も工夫ひとつで語学以上のことを伝えることができるのだ、と。

後日、グアダラハラの大きな書店に出かけていくと、店頭の目立つところに『トラテロルコの夜』は平積みになっていた。事件からまもない一九七一年に刊行された本なのに、いまなお新刊のようにならんでいる。メキシコにおけるこの事件の大きさを実感させられる。

動詞の語尾は三種類しかない。「habl**ar**（アブラール／話す）」などの「ar」、「com**er**（コメール／食べる）」などの「er」、「viv**ir**（ビビール／生きる）」などの「ir」。だいたいは規則的に変化するが、「empez**ar**（エンペサール／始める）」や「quer**er**（ケレール／好き）」や「ven**ir**（ベニール／来る）」とか、不規則に変化するものも少なくない。そのあたり、悩ましいが、不規則なやつも多少はいないとおもしろくないいか。

メキシコのスペイン語は一六パーセント割引き

メキシコでスペイン語の勉強をはじめればよかった。

Nivel 3とNivel 4のクラスでいっしょになった日本人のツヨシが言った。ツヨシは関西の大学でスペイン語を二年学んできていたから、ぼくよりもはるかにスペイン語には通じていて、ヒアリングが若干つらそうなだけだったのだが、そんなかれが、右のような台詞を、あるとき、ポツリと言ったのである。

だってさ、メキシコのスペイン語のほうが楽そうだもん。

ツヨシは日本でスペイン語を学びはじめたのだったが、日本で教えているのはスペインのスペイン語である。しかし、メキシコで教えているのはメキシコのスペイン語だ。両者のあいだには大きなちがいがあることをメキシコで知って、ツヨシは、メキシコのスペイン語のほうが楽そうだ、と判定したのである。

スペイン語が、中国語や英語同様、地域によって、おなじスペイン語なのにかなりちがいがあることは、これまでもいくつか紹介してきた。たとえば、単語レベルでも、「camión」や「tarea」など、スペインとメキシコでは意味が異なるとか。

でも、そんなちがいは「楽そう」の判定の根拠にはなりっこない。

メキシコのスペイン語は、スペインのスペイン語よりも人称代名詞がひとつ少ないという大きなちがいが、「楽そう」の理由なのである。

過去形の学習に難渋したと前節で書いたが(まだ難渋してますが)、動詞の変化は、どの言語でもそうだろうが、スペイン語でも学習者には悩みの種だ。現在過去未来といった時制で変化するし、事実を述べる場合と仮定を述べる場合、いわゆる直説法とか仮定法とか接続法とかで、これまた変化する。おまけに、過去形には「点」と「線」があるのは、すでに述べたとおりである。そのほかにも、ぼくが知らないだけで、きっといろいろ変化があちこちに潜んでいるだろう。まったく、動詞の変化には覚えなければいけないことがいっぱいありそうなのだ。だから、できれば、すこしでも楽をしたい。

それが、メキシコのスペイン語だと、スペインのスペイン語より楽ができるのだ！

動詞は、時制や法によって変化するが、そのいずれにおいても人称にしたがって変化する。

まず整理しておくと、スペインのスペイン語の人称はつぎのようになっている。

①一人称単数↓　yo（わたしは）
②二人称単数↓　tú（きみは）
③三人称単数↓　él（かれは）
　　　　　　　ella（彼女は）
　　　　　　　usted（あなたは）
④一人称複数↓　nosotros／nosotras（わたしたちは）
⑤二人称複数↓　vosotros／vosotras（きみたちは）
⑥三人称複数↓　ellos／ellas（かれらは／彼女らは）
　　　　　　　ustedes（あなたがたは）

二人称にふくまれるべき「usted」と「ustedes」が三人称のなかにはいっているのは、動詞は三人称とおなじように変化することになっているからである。

二種類の二人称をとりあえず「きみ」と「あなた」と訳し分けたが、前者は「親しいひとに」、後者は「知らないひとや目上のひとに」たいしてつかう。

また、一人称複数と二人称複数にそれぞれ二種の表記があるのは、「o」のほうは「男だけ&男女混合」、「a」のほうは「女だけ」の場合とつかいわけるからである。

さて、メキシコのスペイン語の人称だが、おどろくべきことに、スペインのスペイン語の⑤にあたるものがないのだ。こうなっている。

①一人称単数↓ yo(わたしは)
②二人称単数↓ tú(きみは)
③三人称単数↓ él(かれは)
ella(彼女は)
usted(あなたは)
④一人称複数↓ nosotros/nosotras(わたしたちは)
⑥三人称複数↓ ellos/ellas(かれらは/彼女らは)
ustedes(あなたがたは/**きみたちは**)

つまり、「vosotros／vosotras」がなくて、代わりに「ustedes」をつかう。だから、メキシコのスペイン語では「ustedes」は「あなたがたは」と「きみたちは」のふたつの意味になるということだが、スペイン語学習者にとって、これはだんぜんありがたい。だって、覚えなければならない動詞の変化の数がひとつ減るのだから。

スペインのスペイン語だと、六つ覚えなければいけないところが、メキシコのスペイン語だと、五つで済む。これは大きい。時制と法はいろいろあるのだから、積もり積もるとそうとうな数になるわけで、この一六パーセント強の割引きはありがたい。だから、ツヨシは「メキシコのスペイン語のほうが楽そうだ」と言ったのである。

「vosotros／vosotras」は、メキシコだけではなく、中南米のスペイン語圏のほとんどの国でつかわれていないようだが、どうしてそういうことになったのか。

一六世紀に先住民にスペイン語を強要したスペイン人の宣教師たちが、先住民に少しでも楽にスペイン語を学ばせようと一六パーセント強の割引きをしたのか、と、目下勉強中で少しでも楽をしたいスペイン語学習者は考えたりもするが、ポルトガル語のブラジルをのぞく中南米全域でそんな一貫した教育方針を徹底することなど、どうしたって無理な話だったろう。当時のスペインのスペイン語のなかに「vosotros／vosotras」がまだ確立されていなかったからであるという説があるが、そういうことかもしれない。

NHKラジオのスペイン語講座を一カ月聴いてはやめてしまうということを繰り返していたときのことだが、ある年、講座の先生がアルゼンチンが専門の方だった。NHKの講座はスペインのスペイン語をあつかうのを原則としているが、その先生は、折りにつけ、アルゼンチンのスペイン語はスペインのスペイン語とだいぶちがうんです、とラジオで話をされた。そんな話題のなかに人称代名詞のこともあって、アルゼンチンでは②の二人称単数は「vos」になるという。六つ覚えるだけでヒーヒー言っていた身としては、「さらにもう一つ⁉ 勘弁してよ！」とスペイン語の多様さに呆然となったが、「vos」のアルゼンチンへの定着や「vosotros／vosotras」の中南米全域での消失には、スペインのスペイン語の不安定な歴史がおそらく反映しているのだろう。

ともかく、一六パーセント強の割引きに、ツヨシは「メキシコでスペイン語の勉強をはじめればよかった」と悔しがり、ぼくは「メキシコでスペイン語をはじめてよかった」と喜んだのである。

■三人称単数にふくまれる（じっさいは二人称単数の）「usted」は「ウステー」と発音し、最後の「d」

は、キモチ、発音するだけ、つまり、発音しない。どんな単語でも最後の「d」の発音はそうなる。「universidad(ウニベルシダー/大学)」、「soledad(ソレダー/孤独)」など。「d」で終わるそんな語の複数は、「usted」が「ustedes」になるように、かならず、「es」をくっつけ、こんどは「デス」と発音する。「ustedes(ウステーデス)」、「universidades(ウニベルシダーデス)」、「soledades(ソレダーデス)」。

どの言語が世界でいちばん多く母語としてつかわれているか、いろいろな統計をネットで参照すると、どこも一位には中国語をあげていて、二位、三位、四位にちがいがある。二位英語、三位ヒンドゥー語、四位スペイン語としているところもあれば、二位英語、三位スペイン語、四位ヒンドゥー語としているところもあるし、二位スペイン語、三位英語、四位ヒンドゥー語としているところもある。いずれにせよ、スペイン語は世界でかなり多くの人たちの母語となっているのがわかる。じっさい、スペインはもちろん、中南米の国々は、ブラジルをのぞいて、スペイン語がつかわれている。また、アメリカでもスペイン語をつかう人々は増えていて、だからこそぼくはスペイン語の勉強をはじめたのは本書の最初で告白したとおりだ。

では、スペイン語をつかっている人々がいちばん多いのはそれらの国々のうちどこなのか、というと、メキシコである。それどころか、二〇一五年七月、CNNの伝えるところによれば、「スペインに本部がある非営利機関「セルバンテス文化センター」は四日までに、米国がスペイン語人口でメキシコに次ぎ世界二位に浮上したとの新たな報告書を公表した」(CNNウェブサイト)。

つまり、スペイン語をつかっている人々を数で比較すると、一位メキシコ、二位アメリカ、三位スペインにいまやなってしまったということである。ちなみに、四位はコロンビア。

さて、この統計、よくよく見れば、スペイン語はスペイン以外の国で、アメリカと中南米でもっともつかわれているということではないか。言語は生き物だ。日和見の生き物だ。正統的でない変則的な言い方も、多くの人間がつかっているとなれば、正統に取って代わることがある。小さな(?)例を日本語から拾うならば、ら抜き言葉の台頭とか。「vosotros/vosotras」が、つかうものが少なくなったスペインのスペイン語でしか通用しないとなると、いずれはすっかり姿を消すか、古語の仲間入りをするのではないか。

「言語」にあたるスペイン語は「idioma(イディオマ)」である。「何カ国語が話せるの?」といった会話ではその語をつかっていた。でも、英語から入っていったぼくには、その単語は英語の「idiom」

を連想させて、あれ、「言語」って「idioma」でよかったんだっけ？　と自問することしきりだった。英語の「idiom」は「慣用句、熟語」を意味するのだから。英和辞典をあらためて引けば、「idiom」にも「（ある民族・国民の）言語」というような意味がしっかり明記されているのだが、こっちがおぼえているのは「慣用句、熟語」のほうばかりだったのだから。

接続法なんてこわくない

教室で先生にしょっちゅうしていた質問がふたつあった。このふたつの質問文は学校に入ってすぐに先生に教えてもらい、頭に叩きこんだ。とりあえず音だけを。

ひとつは、意味のわからない語がテクストに出てきたときの質問のしかたで、当の語を指して、「ケ・シグニフィカ?」。

また、意味のわからない語を先生やクラスの学生が発したときも、頃合いを見計らって、その語の発音をなぞり、「ケ・シグニフィカ ×××?」。

「どういう意味ですか」「××× はどういう意味ですか」という意味だ。

すると、いずれの場合も、先生は、スペイン語で説明しようとしてひとしきりなにかを言ったあと、こっちの無反応にしかたないかという顔になって英語で答えてくれた。

もうひとつは、言いたい単語のスペイン語が思いうかばないときの質問で、「コモ・セ・デイセ×××エン・エスパニョル?」」。

「×××はスペイン語でなんと言いますか」という意味で、×××に英語を入れて訊く。すると先生はスペイン語で答えてきた。

前者の文は、スペイン語で書くと、「¿Qué significa ××?」である。後者は「¿Cómo se dice ××× en español?」である。「significa」は「significar（シグニフィカール）」という動詞の、「se dice」は「desirse（デシールセ）」という動詞の三人称単数現在の活用形だが、そんな文法やスペルを知ったのはずっと後のことである。

文法やスペルを知らないままに意味を憶測しながら覚えていった言葉も、けっこうある。

メキシコでは、どこにいても、ひとの会話を盗み聴きしていたように思うのだが、もちろん、スペイン語の初心者なのだから、なにを言っているのかはほとんどわからない。しかし、知っている言葉を、ないしは多くのひとが口にしている言葉をつかまえたくて、全身が耳になっていた。どういう言葉が生活に必要なのかを知るには、日々よく使われている言葉をつかまえるのがいちばんで、そのためにはひたすら耳を傾けるのが最高の方法なのだ、ときっと無意識のうちに感じていたのだろう。

しかも、全身を耳にして街を歩いていると、言葉はろくにわからないながらも、街に溶けこんでいくような気分にもなれて気持ちがよかった。街に馴染んでいく自分を感じることができた。

たとえば、学校の帰り道、かならずバス停の前を通っていたのだが、そこにいつも集まっている、おもに女性たちの大きな声の会話は、とくに耳を傾けるまでもなく、よく聞こえた。しょっちゅう聞こえてきた言葉は「ベルダー」である。なんの話をしているのかはさっぱりわからないが、とにかく「ベルダー」がのべつ発せられる。しかも尻上がりに。

「……ベルダー？」

「……ベルダー？」

いや、バス停の近辺ばかりではない。街中のいたるところで「……ベルダー？」は聞こえてきた。「……ベルダー？」なしではメキシコ人の会話は成立しないのではないかと思えるくらい、あっちこっちから聞こえてきた。

いろいろとスペルを推測して辞書を引いた末にようやくたどりついたのは「verdad」。最後の「d」は、「usted」の場合とおなじで発音しないから、音は「ベルダー」となる。本来の意味は「真実」だが、辞書にはこんな説明もある。

「(付加疑問で)……でしょう(前文が否定文、肯定文にかかわらず用いられる)」

つまり、「でしょ、そう思わない？」といったほどの意味合いの、軽く同意を求めるための言葉として使っているのである。もちろん、女性のみならず、男たちもほんとによく使っていた。

もうひとつ、よく耳にした言葉は「マンデ」である。これもまた尻上がりに発音される。ただし、きまって、だれかがしゃべった直後に発せられる。たとえば、

「……ベルダー？」

「マンデ？」

というように、すかさず。

これの意味はしばらくわからなかった。辞書で音を頼りにそれらしき言葉を探しても見つけられなかった。

しかし、つねに身振りとともに発せられるのが日常の言葉である。やりとりをながめていると、意味が推測できる。「マンデ」はだれかがしゃべった直後に発せられるのが常だから、ということは、たぶん、聞き返しているのだな、と見当がついた。後日、メルセデスに「ケ・シグニフィカ・マンデ？」と訊くと、大当たり。「いま、なんて言った？　もう一回言って」という意味だった。もっぱらメキシコで使っている言い方で、スペインあたりでは「perdón（ペ

ルドン)」になるらしい。

「マンデ」が音から辞書で見つけられなかったのはとうぜんで、スペルは「mande」なのだが、「mandar(マンダール)」という動詞が変化したかたちなのだった。動詞の活用に七転八倒しているスペイン語初心者のぼくである。mande が動詞だなどとは考えもしなかった。

ほかにもよく耳にした言葉はたくさんあるが、このふたつがとびぬけて多かった。「ベルダー」は同意を求め、「マンデ」は聞き返す。なるほど、人間の日常の会話のほとんどは、同意を求めることと聞き返すことで成り立っているのだな、と納得したもので、思わぬ人類学的発見である。メキシコ人は押しが強くて耳が悪いということでは断じてない。

「マンデ」の意味を教えてくれたメルセデスからは、スペイン語についてだけではなく、じつに多くのことを教わったが、あるとき、「グアダラハラはメキシコのサンフランシスコって言われているのよ」と彼女は言った。

「マンデ?」と聞き返すぼく。

「グアダラハラはメキシコのサンフランシスコなのよ。ゲイがいっぱい。ゲイの集まるバーに行ったら、あら、うちのお父さんがいた、なんて話もあるくらい」

「マンデ?」とやはり聞き返すぼく。

「ゲイがいっぱいなの。あら、うちのお父さんがいた、なんて話もあるのよ。ロコよねえ、ベルダー?」

「ロコ(loco)」とは「クレージー」といった意味で、これまた、「マンデ」や「ベルダー」同様、気軽に使われている言葉だ。

「グアダラハラは美女の産地なのにね」とメルセデスはつづけたが、それは、ちょうどミス・ユニバースが発表された直後だったからである。二〇一〇年、ミス・ユニバースに選ばれたのはミス・メキシコで、彼女(ヒメナ・ナバレッテ)はグアダラハラの出身だった。

■「ゲイ」は「gay」で英語と発音もスペルもおなじ。「ガイ」とも発音するらしい。

クーカがよくぼくに語りかけてきた台詞がある。朝に学校に行くときとか、午後にどこかへぼくが出かけようとするときとか、家の奥から、精一杯声をはりあげてはこう言った。

「ケテバヤビエン!」

最初はうまく聞きとれなかったが、しょっちゅう繰り返されるので、「ケテバヤビエン」という音であることは確認できた。だが、意味はわからない。

しかし、言葉が発せられる状況から意味は推し量ることはできるから、ぼくは、「行ってらっしゃい！」という意味だろうと判断していた。あるいは「気をつけて！」か。

この言葉、というか、文章の構造と意味をはじめて知ったのは、学校に通いだしてずいぶん経った頃である。動詞の変化形としては難物としておそれられている接続法の勉強をさせられているときだ。そのときの先生もメルセデス。授業で彼女がこう言ったのだ。

「接続法なんてこわがらなくていいのよ。メキシコではみんな、自分が接続法をつかっているなんてまったく意識しないでつかってるんだから。たとえば、ケテバヤビエン。よく聞かない？「バヤ」が接続法よ。でも、つかっている本人は接続法なんて言葉もきっと知らないはずよ」

やっと出てきたか、ケテバヤビエン！

メルセデスの説明によれば、「Deseo que te vaya bien.」の「deseo（デセオ／望む）」が省略された慣用句で、「vaya」が「ir（イール／行く）」の接続法現在なのである。意味は「あなたがうまく行くことを望んでいます」、つまり、「行ってらっしゃい！ 気をつけて！」という趣旨の文だった。

なんと！

接続法なんかこわくない、というか、文法なんかこわくない、のかもしれないと思った瞬間である。大事なのはコンテクストのなかで理解することなのだ、と。けっこう当たるのだ、と。子どもはそうやって、文法もスペルも知らずに言語を習得していくのではないのか。

もちろん、クーカに「ケテバヤビエンのバヤって接続法だったって知ってた?」なんて訊くような失礼はぼくはしなかった。

思えば、ぼくも、「行ってらっしゃい」という日本語を文法的に説明することはできないのだから。

■「行ってきます」あるいは「行くね」は「Me voy.（メ・ボイ）」でよさそう。

アボカド「で」巻く、フライ「で」巻く

街ではひとの会話を盗み聞きするだけではなく、わかりそうな言葉をもとめて目をキョロキョロさせてもいた。もちろん、わからない言葉が圧倒的に多いが、知らない言葉でも、見かける頻度が高い言葉は生活に必須の言葉である可能性が高いのだから、これは要チェックだ、と学習の指針にもなった。

グアダラハラに着いて早々にチェックした言葉が「estacionamiento（駐車場）」だったことはすでに書いたが、それは道を歩いていたときにそこいらじゅうで見かけたから。おなじように路上で頻繁に出会っているうちに意味がなんとなくわかった語には、「se renta（セ・レンタ）」と「se vende（セ・ベンデ）」がある。前者はアパートらしき建物に、後者は駐車してある車にかかっていた看板に書いてあった。文法的に説明せよ、と言われたら「……」と絶句してしまう動詞ではあるのだが（「se」がむずかしい）、意味は、英語の語から察しがついた。「se renta」

は英語の「rent(賃貸する)」を、「se vende」は「vend(売る)」を連想させたからである。よって、前者は「貸します」、後者は「売ります」だろう、と。スペイン語と英語にはけっこう似た語があるので、助かるのである。

いや、助かるときもある、と言うべきか。なにしろ、似てもいれば似てもいない奇妙な語もあるようで、たとえば、英語の「station」を連想させる「estación」には、「駅」という意味はあるが、なんと「季節」という意味もある。だから、似ているといってもどこかちがうケースもあり、油断は禁物だ。

おもいがけない発見にひとり喜んだこともある。近所を散歩していて立派なお屋敷の前に通りかかったとき、その家の表札に名前といっしょに「abogado」とあったのである。アボガド?

メキシコ名物のアボカドを、かつて(いまも?)多くの日本人は「アボガド」と呼んでいた(いる?)。だから、とつぜんだれかの家の表札に「アボガド」を発見して、「えッ」とおどろいたのである。あとで辞書で調べてみると、「abogado」は「弁護士」。森のバターとも言われるあのしっとりした果物を「アボガド、おいしい」と発音していた(している?)日本人は「弁護士、おいしい」と言っていた(言っている?)ことになるんだなあ、となんだか愉快な気分になった。

ちなみに、タコスの話のところでもちらっと言及したが、「アボカド(avocado)」は英語である。スペイン語では「aguacate(アグアカテ)」が一般的だが、世界に誇るメキシコの果物としてほぼ世界語になったからだろう、「アボカド」でも通じたように思う。「弁護士《アボガド》」と言っても、もはや通じるような気がする。実験はしてないけど。

英語に似ている語としては、アボカドもそのひとつである「fruta(フルータ/果物)」。英語の「fruit」に似ていて、意味もおなじである。いっぽう、要注意なのは、たとえば、「profesor(プロフェソール)」。英語の「professor」に似ているが、意味は微妙にちがう。英語では「大学の教授」だが、スペイン語のほうは「教師一般」を指し、英語の「teacher」に相当する。それと、注目したいのはそのスペル。「profesor」と「professor」。「s」の数がちがう。メルセデスに教わったのだが、スペイン語には「ss」の語はないとのこと。これはうれしいニュース。「s」か「ss」かで悩まなくて済むのだからストレスが減る。「ストレス」も、英語だと「stress」だが、スペイン語だと「es-trés」になる。

アボカドといえば、メキシコのアボカド巻きはうつくしかった。

寿司の話だが、アボカドと寿司といったら、いまや広く知られているのはカリフォルニア巻きだろう。それは、ウィキペディアによれば、「カニ風味かまぼこ(もしくは茹でたカニの脚身)、アボカド、マヨネーズ、白ごまなどを、手巻き、または裏巻き(外側から酢飯、海苔、具の順になるように巻く)にしたものを言う」(カリフォルニアロール)。店によって、微妙にちがいはあるかもしれないが、だいたいのところはそんなようなもので、どの店のでもかならずアボカドを巻いている。つまり、海苔が外にあろうが中にあろうが、いろんな具といっしょにアボカドを巻いているのがカリフォルニア巻きだ。

グアダラハラのスシはとても変わってるからニッポンではまずお目にかかれないと思う、とメルセデスに言われたのが気になって出かけた日本料理のレストランで、そのうつくしいアボカド巻きに出会った。メニューに「マキモノ(makimono)」という項目があって、そのなかにアボカド巻きがあった。こっちが思い描いたのはアボカドの海苔巻き、つまり、カリフォルニア巻きのようなものだったのだが、出てきたのは海苔巻きではなく、文字通りのアボカド巻き。すなわち、アボカド「を」巻いているのではなくて、アボカド「で」巻いていた。いったいどうやって巻いているのかと首をかしげてしまうほど、アボカドの薄いグリーンがうつくしく映える、ほとんど芸術品のようなマキモノ。感動した。この店のオリジナルなのかともおもったが、後にカンクンの日本料理のレストランでもアボカド「で」巻いたおなじようにうつくしいアボカド巻きを食べたから、メキシコではアボカド巻きのひとつのスタイルとして定着しているのだろう。

「チーズマキ」というのもあり、これもまた、チーズ「を」巻いているのではなくて、クリームチーズ「で」巻いていて、まわりが真っ白というスシである。

意表をつかれたのは「フライマキ」だ。エビフライかなにかを巻いた海苔巻きかと想像し、そんなものはたして食えるのか、と心配していたら、あらわれたのはタコやエビやアボカドやチーズをシャリで巻き、それをフライにした、まったく想定外のしろもの。シャリには、さながら海苔の代わりを演じるかのように、うっすらと茶色の揚げ色がついていて、ぜんたいにあったかい。食べてみると、揚げたシャリの表面に微妙にサクッとした食感もあるし、チーズも、もともとやわらかいものなのに、溶けていない。これも、いうなれば、フライ「を」巻いたのではなく、フライ「で」巻いたものと言える。

「キュウリマキ」というのもその店のメニューにはあったが、これもきっとキュウリ「で」巻いたものだろう。なにしろ、メニューには「カッパマキ」というのが別にあったのだから。

メキシコの寿司の世界では、「巻く」というのは、「を」ではなく「で」を意味するようである。
どれもワサビは別添えになっていたので、それを軽くつけて「salsa de soya（サルサ・デ・ソヤ／大豆のソース＝しょうゆ）」をつけて食べていたが、テーブルを見ると、もうひとつ、真っ黒の salsa が入った瓶がある。なかをのぞくと黒いものがどっさり詰まったしょうゆで、黒くなっているのは chile（チレ／トウガラシ）だった。チーズマキやフライマキにはこのピリリと辛い salsa がだんぜん合った。

「salsa」は、スペイン語では、料理に風味をくわえるあらゆるソースのことをいう。いっぽう、音楽のジャンルの用語として知られる「salsa」は英語、というか、スペイン語に由来する英語である。ランダムハウス英和大辞典によれば、「ジャズ、ロック、ソウルなどの要素を取り入れたキューバ起源のラテン音楽：また、それに合わせたマンボに似た踊り」。リーダーズ英和辞典によれば、「キューバ・プエルトリコ起源で、ジャズ・R&B・ロックの影響をうけた音楽：その曲に合わせて踊るダンス」。旧来のラテン音楽に「いろんな salsa（風味）」をくわえたもの、という意味合いで一九六〇年代後半あたりからニューヨークでつかわれだしたようだ。いまでは逆輸出されて、スペイン語でも音楽の意味でつかわれる。

街を歩いていると、日本語を連想させる語も目に入った。それが日本語である場合もあったし、そうでない場合もあったが、ほぼ毎日見かけていたものに、日本語ではないのだが日本語として理解するとなんとも変ちくりんな意味をもってしまう語があった。

たとえば、コンビニだ。メキシコでもその手の店はどんどん拡大していて、日本でもお馴染みのセブンイレブンもそこかしこにあったが、だんぜん目についたのはメキシコ・オリジナルの「○××○」というチェーンである。○と×の記号を組み合わせただけとは変な名称だなあ、と最初は思っていて、みんなはいったいなんと呼んでいるのか、と気になっていた。まもなく判明した。

「オクソ」

記号を組み合わせているのではなく、「OXXO」という文字だったのである。しかし、なんという音であるか、と日本人であるぼくは仰天した。だって、オ、クソ、だよ。街のいたるところに「お、糞」とは、いったい！

スペイン語としては、特段、意味はないらしい。しかし、日本語としては、言わずもがな、意味を持ってしまうので、しばらくのあいだはビミョーな気分で毎日看板をながめていたものである。慣れてしまうと、なんともなくなったから、慣れというのはおそろしい。

「お、糞」のなかにもあったし、日々かならずどこかで目にしていた、日本語ではないのだが日本語として理解するとなんとも変ちくりんな意味をもってしまうもうひとつの語は、「Bimbo」だ。これは、だれに訊かなくても、すぐに読めた。

「ビンボ」

メキシコではおそらく一番有名なパンのブランドである。サッカーの国際試合になるとメキシコの選手はいろいろな企業名の入ったユニフォームを着るが、そのなかにも「Bimbo」のロゴはよく混じっている。そのくらい名の知れたパンのブランドだから、街のそこいらじゅうにそのパンはあった。いっぱいあった。ビンボ、ビンボ、ビンボ……とどっさり。ウィキペディアによれば、世界一のパンのブランドらしい。それが「貧乏」とは、いったい！

ちなみに、「bimbo」は、英語でもあまりいい言葉でないのだ。「赤ちゃん」という意味もないわけではないが、「かわいいだけのバカな女」とか「くだらないやつ」とか「まぬけ」とか、ろくな意味がない。サッカーの国際試合にそんな言葉のついたユニフォームを選手に着せていると、なにも知らないアメリカ人あたりに、なんだ、あいつら、まぬけだと自分で言ってるぞ、と思われかねないのでは？

ずばり、日本語を見かけることもあった。たとえば、クーカとメーラに隠れて部屋の外のテラスでこっそりビールを飲む夜などによくつまんでいたのは「karate」である。初めてそれと遭遇したのは、語学研修に来ていたアメリカの学生たちといっしょに、かつては銀の産出で栄えていた美しい古都グアナファトへバス旅行に出かけたとき。留学生を引率してきた女の先生が、「これ、ほんとうに日本の味？」と言って、袋に入ったお菓子を勧めてきたのである。袋には「cacahuate japonés（カカウアテ・ハポネス／日本風落花生）」とあった。落花生でつくった、いわゆる豆あられで、食べてみるとなかなかおいしい。「こんなようなものはたしかに日本に昔からあります。味もだいたいこんなかんじです」と英語でとりあえず答えはしたものの、「それでこう呼ばれているの？」と訊かれると、つい苦笑。「こんな名前のものはないと思いますよ」と答えた。商品名が「karate」で、拳を突きだした絵がトレードマークになっていたのである。

しかし、以来、その味に魅了され、「お、糞」やスーパーに出かけるたび、「karate」を探すようになったのだが、それでわかったのは、豆あられはメキシコではかなり人気のあるお菓子だということ。いろいろなブランドのものがあり、お菓子そのものは「japonés」として広く知られていた。試しにネットで調べてみたら、「japón」とか「nipon」とか「misaki」とか、いかにも日本を連想させる語を名前にした類似の商品がいくつも見つかった。「karate」以外は、だいたいgeishaらしき日本女性の絵が袋に描かれていた。

でも、なぜ「karate」という名前なのか？　もちろん空手が日本を連想させるからだろうが、「カカウアテ（落花生）」という語の音が「カラテ」という日本語を思いつかせる契機になったのではないか、と、スペイン語と日々格闘中のぼくは思った。

「落花生」を、スペインのスペイン語では「cacahuete（カカウエテ）」とつづる。メキシコでは「cacahuate」だ。こんなささやかなちがい、どうして生まれたのか。

めくるめくノベラの世界へ

クーカとメーラは、夜の一〇時になると、テレビをかならず観ていた。ボリュームをかなり上げて観ているので(耳が遠いのだろう)、二階のぼくの部屋まで音は聞こえてきて、そうか、一〇時か、と時計の代わりにもなっていた。テレビの音かと思うと、テレビに反応してふたりが発した大きな笑い声だったりもした。

それは雨季も乾季もかわらず、サマータイムがウィンタータイムになってもかわらなかった。ウィンタータイムは一一月からで、時間が一時間繰りあがる。サマータイムの一一時が一〇時になるのだが、そんな変化などまったくものともせず、ふたりは一〇時になるとテレビを観、おおいに笑っていた。

家には冷暖房の設備はないので、ウィンタータイムの夜になるとそうとう冷え込んだが、それでも一〇時になるとふたりはテレビを観ていた。しっかりと厚着をしたうえに毛布かなにかで体をつつみ、二個のだるまみたいになってソファにすわり、夢中で観ていた。いったいなにを観ているのか、気になって、あるときたずねた。すると、クーカは、恥ずかしそうな顔になって、「ノベラ」と答えた。つまらないものを観ているでしょ、とでも言いたげに、照れ笑いを浮かべて。

「ノベラ」とは「novela」で、「telenovela（テレノベラ）」の略。メキシコ人ならだれでも好き、とも言われている連続メロドラマだ。膨大な数の番組があって、一日中どこかの局でやっている。それだけを一日中やっている局もあるらしい。英語の「novel」を連想させる「novela」という語には、もちろん、「小説」という意味もあり、本来そういう意味だが、メキシコで「ノベラ」といえば連続メロドラマのことなのである。

グアダラハラに着いてまもなく買ったメキシコの雑誌は『TV y Novelas（テベ・イ・ノベラス／テレビとノベラ）』というものだった。そのときはまだ「ノベラ」というものについてはぼんやりと知っているだけだったが、いかにもにぎやかな表紙に女優や男優のゴシップ満載の雑誌であるらしいとすぐにわかり、なるほど、これが「ノベラ」か、と手が伸びた。

ときどき、テクストとして、部屋で読んだ。理由は、というか、ぼくが期待したのは――①このての雑誌は、いずこの国でもそれぞれの記事は短いから、読み通せるのではないか。

②インタヴューもたくさん入っているから、リアルな話し言葉にも触れられるのではないか。
③こむずかしいことは書いてないだろうから、文法など気にしないでも読めるのではないか。
④辞書を引き引き読んでいけばけっこう理解できてしまうのではないか。
⑤ちょくちょくあらわれる女優たちの妖艶な写真はぜったい励みになる!

しかし、「ノベラ」そのものを観ることなしにそれについてのゴシップだけを読むのは、いくらゴシップ好きのぼくでもかなりの想像力と根気が必要で、おお、けっこうわかるぞ! と舞いあがった瞬間もすこしはあったものの、じきに音をあげた。この自主学習で確実に覚えた言葉は「miedo(ミエド/こわい)」くらいか。じつに多くの女優が、ノベラに出演することへの不安をその言葉で表明していた(のではないかと思う)。「tengo miedo(テンゴ・ミエド/わたし、こわいんです)」と。

サマータイム中の九月一六日の独立記念日、プエルトバジャルタに行った。グアダラハラからそう遠くない(バスで五時間の)ビーチリゾートである。スペイン語に毎日痛めつけられる脳を、海水に浸かって、すこし休ませてやろうという気持ちもあった。しかし、バスは渋滞。やっと着いてタクシーに乗ってホテルに向かうと、運転手が、メキシコになにしに来ているの、と訊いてきた。

雑誌(revista／レビスタ)の『TV y Novelas(テベ・イ・ノベラス)』. ノベラにかんする情報があふれかえる. サクサクッと読み飛ばせるようになりたいものだ. 日本の「朝ドラ」は, 正式名称は「連続テレビ小説」.「telenovela」を直訳したものなのでは?

「スペイン語を勉強している」

「そうか。いちばんの勉強法を教えてやろうか」

「ぜひ！」

「ノベラだ。ノベラがスペイン語の勉強にいちばんいいよ」

その理由を運転手はいろいろ言ったが、ぼくにはっきり聞きとれたのはなんども繰り返された「facil(ファシル／簡単)」という語である。要するに、ノベラはストーリーは簡単だし、話している言葉も簡単だから、勉強の素材にとてもいい、と言っていたのだと思う。多くの人間に好まれているメロドラマなのだから、話が複雑であるわけがない。むずかしい言葉がつかわれているわけがない。運転手の言うとおり、学習に最適かも、テレビを買おうかな、と一瞬真剣に思った。


「むずかしい」は「difícil(ディフィシル)」。英語の「difficult」に似ているが、「f」はひとつだ。スペイン語に「ss」の語はない、と前に書いたが、「ff」もないのではないか？　英語ってやつは、まったく、余計なものが多くて困る。

スペイン語の勉強をはじめて三週間のひとのためのノベラ、と謳っているノベラがある。抱腹絶倒のこのノベラの存在を学校でみんなに教えてくれていたのは、アメリカからメキシコにバイクでやってきたついでにスペイン語の勉強をサラッとやっていったジョシュアで、これ、おっかしいよ、とスマホで見せていた。

音を消して観ても、だいたいどういう話なのかは想像がつく展開のストーリーで、浮気な女をわがものとするために数人の男があらそう。男たちが女の部屋で鉢合わせになる一幕劇である。

ところが、音を出してみると、役者たちは愛欲をめぐるあらそいとは程遠い、とんでもない、というか、じつにバカげた台詞を言っている。スペイン語の初心者が学ぶ語と文をひたすら言いつづけているのだ。だから「スペイン語の勉強をはじめて三週間のひとのためのノベラ」なのだが、このズレがむちゃくちゃおかしい。

ノベラの題は『¿Qué Hora Es?(ケ・オラ・エス/何時?)』だが、これは初心者が早くに学ぶ文である。また、台詞にあらわれる数や曜日の語も、場所の訊きかたも、名前の名乗りかたも、早々に教わるスペイン語だ。

そのノベラはこのようにはじまる。

……

うつくしい部屋で髪の長い美女が自分の髪をいじくって立っている。恍惚とした表情をうかべていて、恋人との逢瀬でも思いだしているかのようだ。

そこにドアを開けて男Aが入ってくる。女の様子に仰天したふうで、目をむく。そしておもいつめたように言う。

男A　¿Qué hora es?（ケ・オラ・エス／何時？）

女　（ハッとして振り向き）Ocho.（オーチョ／八時）

男Aは疑うような目で女を抱き寄せると言う。

男A　¿Dónde está la biblioteca?（ドンデ・エスタ・ラ・ビブリオテカ／図書館はどこだ？）

女　（いかにもふてくされて）Yo no sé, yo no sé.（ヨ・ノ・セ、ヨ・ノ・セ／わからない）

男Aは女をソファに投げ、倒れた女にまたがって、非難するように言う。

男A　Lunes.（ルネス／月曜）

女　（吐き捨てるように）Martes.（マルテス／火曜）

男A　（女の顎を撫でながらいとおしそうに）Miércoles.（ミエルコレス／水曜）

女　（申し訳なさそうに）Jueves.（フエベス／木曜）

男A (感極まったかのように)¡Feliz Navidad!(フェリス・ナビダー/メリー・クリスマス)

男は女に熱烈にキスをする。すると、もうひとつのドアが開いて男Bが入ってきて、キスをしているふたりに仰天し、目をむく。そして怒ってどなる。

男B ¿Qué hora es?(ケ・オラ・エス/何時?)

キスしていた男Aと女はギョッとして立ちあがる。女は乱れていたスカートを直し、男Bの名前を呼ぶ。

男B (とがめるように、ふたりに歩みよってきて)Me llamo Derek. Dos Coca Colas.(メ・ヤモ・デレック。ドス・コカコーラス/おれはデレックだ。コカコーラ二本)

すると男Aは、しばし黙考したあと、

男A Una cerveza para mi.(ウナ・セルベッサ・パラ・ミ/俺にはビール一本だ)

そして、ふりかえりざま、男Bの頬を拳で殴る。女がふたりの男のあいだに割って入り、懇願するように言う。

女 Hay muchos tacos en México.(アイ・ムチョス・タコス・エン・メヒコ/メキシコにはタコスがいっぱいある)

そして、そのあと、さらにべつな男が「ケ・オラ・エス」と言って登場し、やはり基礎的なスペイン語を熱っぽく連発、男三人のもみあいがはじまる。と、そこに、またひとり、男が登場し、こんどはなにやら流暢にスペイン語をぶちまける。スペイン語初心者にはとてもわからないスペイン語である。先に来て基礎的な語をぶつけあいながらもみあっていた男三人は「?・?・?」という顔になり、困り果て、ついに「ケ・オラ・エス」と絶叫。すると、スペイン語を流暢にあやつる男は「Ustedes no hablan español.(ウステーデス・ノ・アブラン・エスパニョル/あんたたちはスペイン語を話さない)」と言ってニヤリと笑い、とどめの一発のように「ケ・オラ・エス」と言う。

ここで幕。

……

場にふさわしくないとんちんかんな言葉がおおまじめに発せられるあたりがナンセンスな不条理劇さながらで大笑いしてしまうが、単純な話をおおげさな身振りでおもしろく劇的に見せるのがノベラだということを皮肉たっぷりに教えてくれてもいる。

ノベラのすべてがここまで初心者向きの言葉で構成されているとはさすがに思わないが、ノベラはスペイン語の勉強に向いているかもと思わせるノベラ(のパロディ)ではある。YouTubeで一〇〇万回以上も視聴されているのも納得できる。「qué hora es」と「novela」の二語でググれば、簡単にヒットしますので、スペイン語の初心者はお楽しみください。

「金曜日」は「viernes(ビエルネス)」。「土曜日」は「sábado(サバド)」。「日曜日」は「domingo(ドミンゴ)」。曜日も、月も、英語とちがい、小文字ではじまるのが、注目すべき点。フランス語も、曜日や月は小文字ではじまるから、英語がなぜ重たい大文字ではじまるのか、不思議なところ。

テレノベラの歴史は古い。

「一九五二年から五五年にかけて、テレビセントロ(現テレビサ)が放映した『街頭の天使たち』が最初のテレノベラといわれるが、その後、テレビセントロが五八年から放映した『禁断の小道』が現在のテレノベラの定型といわれる。イストリエタまたはフォトノベラと呼ばれる成人漫画と並んでテレノベラは多くの人々を虜にしているが、二〇〇三年にテレビサが放映した、嘘つきの妻と暴力的な夫がののしりあい、喧嘩を繰り返したすえに本当の愛を見つけるという筋書きの『真実の愛』は三四・三ポイントという高い視聴率をマークした。」(国本伊代編著『現代メキシコを知るための60章』)

ぼくがグアダラハラにいた二〇一〇年、グアダラハラでは毎年恒例の国際ブックフェアがおこなわれ、ぼくも出かけていったが、そこで社会言語学者のウンベルト・ロペス＝モラレスは、基調講演のなかで、テレノベラを讃えたつぎのようなことを言ったという。ぼくは聞いてないし、聞く力もなかったけれど。

「世界的に高い人気を博しているテレノベラは、その芸術性はともかく、スペイン語の普及に大きく貢献している。いながらにしてメキシコやベネズエラ、コロンビアの特有の言い回し、文化、生活様式に触れることが可能であり、テレノベラの世界的放映網によってスペイン語のグローバリゼーションが展開されている。」(同前)

スペイン語の勉強にノベラは、やっぱり、いいのだろうか。

「テレビサ(Televisa)」はメキシコ最大のテレビ局。「イストリエタ」は「historieta」、「フォトノベラ」は「fotonovela」とつづる。

謎の「南海の情熱」

スペイン語の勉強にノベラを観るっていうのはどうですか？

グアダラハラから六年後に出かけたオアハカの学校でスペイン語を教えてくれたフアンにそう訊くと、フアンはしばし考えてからこう答えた。

うーん。ノベラを観るよりは歌を聴いたほうがいいよ。

そう言われてみると、グアダラハラにいるときから、ぼくはずいぶんメキシコの歌を聴いていた。ただし、スペイン語の勉強のため、と考えてのことではなく、メキシコにいるんだという気分を盛りあげたいという気持ちからである。テレビは、ノベラの効用をプエルトバジャルタのタクシーの運転手に教えられてからも、結局買わなかったが、ラジオは、もちろん小さなポータブルのだが、ずいぶん早くに買った。夜は、テラスに出て、豚の皮を揚げたチチャロンや豆あられのカラテをつまみにビールを飲みながら、地元のＦＭを聴いたりしていた。聴いていても意味はさっぱりわからないが、言葉の強弱のつけかたや間の置きかたなど、発話のリズムは感知できる。まずは音の吸収だ、と無意識のうちに自分に言い聞かせていたように思う。幼児だって、しゃべりはじめるまでは、まわりのおしゃべりにただただ耳を傾けているだけではないか、と。ときたま単語が聞きとれると、やった！とうれしくなったし、意味こそわからないものの、しょっちゅう繰り返されるフレーズらしきものに気がつくと、これはつかえる便利なフレーズなのかも、と推測した。

音楽はそんなラジオからもよく流れてきた。アメリカのロック系の音楽を流している局ももちろんあったが、ぼくがラジオを聴くのはメキシコにいるんだという気分を盛りあげるためだから、メキシコの音楽を流している局を探しては聴いていた。

学校でも、Nivel 3（トレス）のクラスのときだったか、メキシコの歌として広く知られている「シェリト・リンド」を聞かされ、みんなで歌った。小学校の頃、日本でも人気があったトリオ・ロス・パンチョスがよく歌っていたのでずいぶん耳にもした、よく知っている曲だったが、グアダラハラで歌ったことの最大の収穫といったら、「南海の情熱」の謎がようやく解けたことだ。

わかってしまえば、タモリ倶楽部の「空耳アワー」のようなものなのだが、「シェリト・リンド」というとその言葉が浮かぶくらい、それは、ぼくにとって、その歌の肝みたいなものになっていた。詞の一節だが、印象深く高らかにサビとして歌われるのだから。

「アイ、アイ、アイ、南海の情熱」

メキシコは日本から見れば南だし、情熱的な国という印象がトリオ・ロス・パンチョスのいでたち（ソンブレロにポンチョにギター）と歌声からはかんじられたから、小学生のぼくは、それがスペイン語であることを忘れて、そのように聞き取り、その後も、スペイン語なのだからべつな意味なのだろうとは思いつつも、確かめることなく記憶したのである。しかし、トリオ・ロス・パンチョスはじつはこう歌っていた、というか、その詞は、ほんとうはこうだった。

「Ay, Ay, Ay, canta y no llores（アイ、アイ、アイ、歌え、泣くな）」

でも、発音は「カンタ・イ・ノ・ジョレス」である。「ナンカイ・ノ・ジョネツ」と聞き取ってしまってもしかたないだろう、とぼくは小学生だった自分を許してやりたい。

「シェリト・リンド」は「Cielito Lindo」とつづる。「cielito」は「cielo（シエロ／空、恋人）」のお尻に指小辞の「to」がついた指小語。「o」が消えて「i」になったのはそのほうが発音しやすいからだろう。指小辞とは単語のお尻にくっついて「小ささ」「かわいさ」を示す。英語でも、指小辞の「et」

をつけて、「kitchen」の小さいのを「kitchenet」といったり、「book」の小さいのを「booklet」といったりする。後者に「l」が入ったのもそのほうが発音しやすいからだろう。「lindo」は「かわいい」。ちなみに、メキシコでよく耳にした指小語は「poquito（ポキート／すこし）」で、これは「poco（ポコ／すこし）」に指小辞の「to」がついたもの。「pocito」だと「ポシート」と発音することになるので「qui」に変わる。食事のとき、メーラがよく「ポキート」と言ってお代わりしていた。

ところで、この「南海の情熱」、命令文でできている。「歌え」は肯定命令で、「泣くな」は否定命令。

命令文！

ああ、これには泣かされたし、じつは、いまだって泣く。泣くな、と言われても泣いてしまう。動詞の命令形の変化はいまなおぼくの苦手とするところで、しょっちゅうまちがえるのだ。「シェリト・リンド」の歌を教わったのはNivel 3のクラスで、メキシコの歌をひとつつくらい歌ってみましょうかという流れのなかで歌うことになった。メルセデスはざっくりと歌詞の意味を説明し、「南海の情熱」のところも、これは命令形だけど命令形はNivel 5（シンコ）で教わるから、と言って簡単に済ませた。こっちもろくに聞いていなかった。英語だと、ていねいな命令表現、つまりお願い的な言い方には若干工夫した表現が必要とはいえ、基本的な命令形はたいしてむずかしくはなく、肯定命令なら動詞の原形を言い、否定命令ならそれに「Don't」をくっつければ済むのだから、スペイン語の命令形も大差ないだろうと踏んで聞き流していた。

ところが甘かった。Nivel 5で知った命令形は英語のように単純ではなくけっこう複雑で、原形を言っていれば済むというようなものではなかったのである。命令する、ないしはお願いする相手がだれであるかによって、また、肯定命令か否定命令かで、動詞を変化させなければならず、その整理にこっちの頭はなかなかついていけなかった。

それでも、命令形を教えてくれたカルメンの授業法には興味をそそられた。

Nivel 5のクラスは、ぼくが参加したなかでは人数が一番多くて一二人。内訳は、ドイツ人二人、イギリス人二人、フランス人一人、オーストリア人一人、アメリカ人二人、韓国人一人、そして日本人はツヨシとエミコとぼくの三人。なかなかに国際色豊かだが、ヨーロッパ勢が半分を占めていること、女が圧倒的に多いことがだんぜん際立っていた。男はイギリス人が一人と、ふたたび姿を見せた韓国人のキムと、ツヨシとぼくの四人だけなのだから。

ヨーロッパならスペインでスペイン語を学べばいいものをどうしてメキシコくんだりまで来るのか。これは日本人のエミコがふっと漏らした疑問だったが、みんなそれなりの理由があった。

イギリス人の男は哲学専攻で「将来はオックスフォードの教授になりたい」と自己紹介したが、恋人がメキシコ人だった。

ドイツ人の女二人のうちの一人も、恋人がメキシコ人だった。

フランス人の女は夫がメキシコ人だった。

オーストリア人の女は建築専攻で、メキシコの建築家のルイス・バラガンの作品が見たくて、とりあえずバラガンの出身地のグアダラハラに来た。

思えば、恋人がメキシコ人だからスペイン語を勉強しにメキシコに来た、という連中はヨーロッパ勢にかぎらず、またこのクラスにかぎらず、アメリカ人のなかにも多かった。おかげで、ぼくが真っ先に覚えた語のひとつも「novio(ノビオ)」と「novia(ノビア)」である。両方とも「恋人」の意で、恋人が男だと語尾が「o」、女だと「a」。名詞でも形容詞でも「o」と「a」で男と女を区別するスペイン語の原則通りである。

そして年齢はというと、もちろんぼくが最年長で、キムが五〇代、メキシコ人の夫がいるフランス人の人妻が三〇ちょい(たぶん)、あとは全員が二〇代だった。

いずれにせよ、これほどの人数になると、みんなのスペイン語力もばらばらで、ぼくのようにほぼお情けで自動的に進級しているのもいるわけだから、先生のほうもどういうペースで授業をすすめたものか、クラスの平均値がつかめず、苦労する。じっさい、将来はオックスフォードの教授になるだろうイギリス人の哲学専攻の青年は、かなりスペイン語ができるので当初はクラスを引っぱっていく役割をはたしていたが、そのうち物足りなくなったのだろう、上級のクラスに引っ越していった。

そんななか、カルメンはいつも、みんなの親睦を深めるためもあったろう、準備体操のようになんらかのゲームをすることから授業をはじめた。よくやらされたのはしりとりゲームである。目的はもちろんボキャブラリーを増やすこと。ふたつのチームに分かれて、一定時間のなかでどれだけ単語が言えるかを競う。ぼくが加わったチームは、ぼくが足を引っぱってばかりいたからなかなか勝てなかった。「Lo siento.（ロ・シエント／ごめんなさい）」てな言い方は、したがって、このときにマスターした。

命令形も、カルメンは、一通りの説明を終えると、ゲームにした。やはり、ふたつのチームに分けて、それぞれが代表を選ぶ。そしてまずは片方の代表が壇上に立ち、もう片方のチームが命令をだす。

「右手をあげて」

「左手を頭において」

「泣いて」

といった単独の命令からまずははじまり、それは代表もだいたい難なくこなしていくのだが、命令はすぐにエスカレートして、

「右脚をあげて、左肩に右手をおいて、笑って、ノートを左手でつかめ」

といった複合の命令に変わる。壇上に立った代表も、そんな命令にめげずに、右脚をあげ、左肩に右手をおき、笑い、ノートを左手でつかむ。なつかしのツイスター・ゲームさながらのなんとも独特の人間彫刻が出現する。しかし命令はさらにつづく。

「ノートを頭のうえにもっていって、笑わないで、hola(オラ/やあ)と言え」

ここで人間彫刻がよろめくと、命令をうけているほうの負け。よろめかすのが命令をだすほうの目標なのである。

しかし、命令文のつくりかたをまちがえると、カルメンのチェックがはいり、命令をだしたほうの負けとなる。とりわけ、「笑わないで」のような否定の命令文は、みんなよくまちがえた。「no」を機械的につければいいというものではないから、まちがいやすいのである。するとカルメンは「いまの否定命令は正しくはこうなります」と黒板に書くのだった、「肯

定命令と否定命令では動詞の変化は異なります」と言いながら。

多人数の多様なメンバーの親睦を深めさせながら命令形を体で教える。じつにうまいやりかたではないか。

「Lo siento.」は、文法的な説明は(うまく言えないので)省くが、あやまるときにつかった。授業に遅刻したときとか。英語だと「I am sorry.」にあたる。いっぽう、授業中にトイレに行きたくなったときなどは「Con permiso.(コン・ペルミソ)」と言って席を立った。「ちょっと失礼します」といった意味だ。英語だと「Excuse me.」にあたる。「Con permiso.」は、Nivel 1のほぼ最初の頃に、教室での礼儀作法のひとつということだったんだろう、早々とメルセデスが教えた。

歌を聴くのがスペイン語の勉強になるよ、と言ったオアハカのファンは、何曲か、これがいいんじゃないか、と薦めてくれた。いまはありがたいことにYouTubeというものがあるので曲を聴くのも簡単になったからいちおう聴いてはみたが、残念ながら、どれもぼくの力ではすぐにわかるというものではなかった。それでもいくつか、聞きとれる語はあったから、何度も何度も繰り返し聴くうちに、語がひとつわかり、ふたつわかり、みっつわかり、そしてやがて文がわかるというふうになっていくのだろう(と期待する)。

グアダラハラでは、家から歩いてそう遠くないところにCD(セデ)やDVD(デベデ)を売っている大きな店があってよく出かけていたのだが、そこでの最初の買い物はリラ・ダウンズ(Lila Downs)の『La Cantina(ラ・カンティナ/酒場)』というCDだった。ずいぶんお世話になったロンリープラネットの分厚いメキシコ旅ガイドでその存在を知ったメキシコの歌手で、わざわざCDを買わなくてもYouTubeで聴けるのだが、クーカとメーラの家にはインターネットがつながっていないので購入したのである。

初めて聴いたときからとても気に入ってしょっちゅう聴いていたので、聞きとれる語の数は増えてきた(ような気がする)。彼女はオアハカ出身で、母親はメキシコ人で父親はアメリカ人。長いことアメリカで暮らしてからメキシコに帰ってきた。冒頭の「La Cumbia del Mole(ラ・クンビア・デル・モレ/モレのクンビア)」を聴いた瞬間から、即、はまってしまった。

「cumbia(クンビア)」とは音楽のジャンル名。大石始によれば――

「中南米一帯で聴かれている音楽にクンビアがある。その特徴は、シンプルでもっさりとした二拍子のビート。単調ではあるけれど、聴き続けるうちに妙な中毒症状が出てくる、そんなビートだ。中南米のスペイン語圏の国々ではこのクンビアが本当に大人気で、レゲトンやメレ

ンゲ、サルサと同じようにそこいら中でかかっている。」(CD Journal ウェブサイト)

そして「mole(モレ)」とはメキシコの料理名で、マダジュンコによれば――

「肉を煮込むソースのこと。丹念に挽《ひ》かれた何種類ものチレ(唐辛子)、スパイス、木の実、チョコレートなど、思いもよらぬものが混ざっている。素材の強烈な個性がぶつかり、からみ合う。完全には溶け合わず、濃密で不思議な味わい。一度食べたら癖になる。それはまさしく「メキシコ」だった。」(『モレの国メキシコ』)

そんなモレをクンビアのリズムでダウンズは歌う。「オアハカではコーヒーをメスカルといっしょに飲むという」とはじまり、「わたしはモレが好き」とすすみ、モレのつくりかたを歌っていく。マダが言っているようにいろんなものを「丹念に挽く」のが命のモレだから、ダウンズの歌でも「se muele(セ・ムエレ／挽く)」が繰り返される。ピーナッツを挽き、パンを挽き、アーモンドを挽き、チレを挽き、塩を挽き、チョコレートを挽き、シナモンを挽き、胡椒を挽き、クローブを挽く。「挽く」なんてスペイン語は知るわけもなかったが、これだけ繰り返されるとさすがに耳に残り、「セッムエレ」ってなんだ？　と気になることになった。

この歌のPVをYouTubeで観ると、とうぜん、いろんなものをせっせとリズミカルに挽いて料理している様子が映しだされる。オアハカでホームステイさせてもらった家のマリアにそのPVを見せると、自慢するかのように、出演しているのはオアハカではすごく有名なcocinera（コシネラ／料理人（女））よ、と言った。そう言うマリアも、じつは、抜群の腕前のコシネラで、毎日オアハカの名物料理をつぎつぎとつくってご馳走してくれた。「モレには七種類あるのよ」と教えてくれたのもマリアで、そのうちのひとつの「negro（ネグロ／黒）」はつくってもくれた。ほかの六つも名称は色、材料によって微妙に色が変わるのでそう区別されているようである。ぼくがオアハカのレストランをまわって食べることができた別な色のは「rojo（ロホ／赤）」と「amarillo（アマリージョ／黄色）」。

オアハカではコーヒーをメスカルといっしょに飲む、と言っているところは聞いてすぐにわかった。わたしはモレが好き、と言っているところも聞いてすぐにわかった。Nivel 2のレベルでわかる、ないしは見当がつくフレーズなのである。そのときはまだファンとは出会っていなかったが、歌を聴くのはスペイン語の勉強になるかもしれない、とひそかに思ったりした。mezcal（メスカル）とは、tequila（テキーラ）同様、agave（アガベ／竜舌蘭）からつくる酒。テキーラは一種類のアガベからつくるが、メスカルは何種類ものアガベからつくる。オアハカの名物だ。

「わたしは××が好き」の「Me gusta ××」は英語の「I like ××」にあたり、とても重宝するフレーズ。「Te gusta(テ・グスタ)××」にすれば「You like ××」。クーカは、ときどきご馳走をつくると、ぼくに訊いてきた、「¿Te gusta?」。「気に入ってもらえた?」ということ。「××」はなくてもオーケーなのだ。ぼくの返事はもちろん「Sí, sí.(シ、シ/はい、はい)」。

秋の「死者の日」

夏の雨季のときも、前の晩の嵐で吹き飛ばされた木の葉が、昼間のかんかん照りのなかでたちまちからからに乾いて、午後も半ばになると、秋の落ち葉の山と見紛うような風景を街路のあちこちにつくりだしていたから、グアダラハラでは一日に二つも三つも季節がある、と日々感じ入っていた。それが秋になり、冬が近づいてくると、ホンモノの秋の落ち葉だけではなく、巨大な紫色の花をふんだんに咲かせるブーゲンビリアの巨木から巨大な花がしょっちゅうポトンポトンと落ちてきて、地面にそれはみごとな花の山をつくりあげるようになった。

その花は、じつは花ではなくて苞《ほう》という葉っぱの一種らしいが、どう見ても花にしか見えない艶やかさがある。落ちたそのときこそ瑞々しいものの、乾季になって冬が近づいてきているというのに昼間のかんかん照りだけは雨季と変わらないから、たちまちからからに乾く。夏の雨季のときもニセの秋の落ち葉を踏みつけて歩くのが大好きだったが、ホンモノの秋の落ち葉ともども、からからに乾いた紫色の花の山を踏みつけて歩くと、そのクシャックシャッという音に、なんか、いいなあ、とほぼ官能的な歓びをかんじた。

庭に極楽鳥花を植えている家も少なからずあるので、こっちが官能の歓びにうるんだ目をふとあげると、目の前にそれが、まさに極楽鳥のような容姿の花をいくつも咲かせて凛として立っていたりすることもめずらしくない。そこいらじゅうに落ちたボールのようなナランハを踏みつぶすと官能的な気分になった、と前にも書いたが、ブーゲンビリアといい、極楽鳥花といい、ナランハといい、あまりの香気にぼくはときどき失神しそうになった。

そんな一月。

サマータイムがウィンタータイムに変わった。時間が一時間繰りあがった。

学校があるときはいつも七時に起きていた。静かに階下のキッチンに降りていき、冷蔵庫から前夜にクーカがコップに入れておいてくれたオレンジジュースを取りだし、これまた前夜にクーカがテーブルに用意しておいてくれたコーヒーカップにミネラルウォーターを注いで、電子レンジでチンしてお湯にしてからインスタントコーヒーを入れ、食パンをトースターで焼いた。これが朝食。なかなか質素だが、とくに不満はなく、かえって、オレンジジュースとインスタントコーヒーのおいしさをあらためて知ったほどである。すべてセルフサービスで、クーカもメーラもまず起きてこない。

夏の頃、七時は明るかった。しかし、秋が深まるにつれ、七時はだんだんと暗くなってきて、しばらくのあいだは朝の薄暗がりという空間の心地よさを楽しんでいたものの、そのうち、キッチンに降りてきたら壁を手探りしてスイッチを探してまず電気をつけなければならないくらい、真っ暗になった。

それが、一一月になると、七時が六時に変わり、真っ暗だったはずの「七時」が、いきなり明るい「七時」になったのである。時間というものが、というか、数字でつかまえる時間というものがいかに人工的なものか、を実感すると同時に、数字がなかったら時間はどう示されるのか、とも思った。そもそも時間という概念がなくなるのか、とも。

生者たちのあいだでそんなふうに時間が曖昧になるこのとき、メキシコは「死者の日(Día de Muertos／ディア・デ・ムエルトス)」を迎える。

一〇月三〇日から一一月二日まで、ぼくは学校の若い友人たちと「死者の日」のバスツアーに出かけた。メキシコに来ていちばん楽しみにしていたのが「死者の日」の祭りを見物することだったから、待望のお出かけである。グアダラハラのあるハリスコ州のとなりのミチョアカン州が「死者の日」の祭りでは有名なところだそうで、学校が紹介してくれたツアーにのった。

湖畔の町パツクアロと湖に浮かぶハニッツィオ島がとりわけにぎわうらしいのだが、そこの宿は一年前から予約が埋まってしまうので、ツアーにでものつからないと泊まるところがない、と言われたのである。じっさい、参加したツアーでさえ、パツクアロとハニッツィオ島に宿はとることはできず、最寄りの州都モレーリアに泊まることになった。

モレーリアでさえ、街は前夜から、おおいに盛りあがっていた。素晴らしいカテドラルがある中心部の公園では、馬にまたがった骸骨の軍人の人形が威風堂々あたりを睥睨しているし、着飾った骸骨の新郎新婦の人形が幸せそうに腕を組んで歩いている。また、路地では巨大な風船の骸骨がおぼつかない足どりで闊歩しているし、痩せた骸骨や太った骸骨のオブジェがそこいらじゅうから顔をのぞかせている。どの骸骨も恐いかんじはない。そして、大通りではいろんな死者の面をかぶった生者たちが、マイケル・ジャクソンの「スリラー」よろしく、はしゃぎまわっていて、まるでカーニヴァルである。

しかし、肉にしばし別れを告げて断食にはいるときのカーニヴァル、謝肉祭ではない。また、いろんな扮装をしている者がいるからといって、収穫を祝い悪霊を追いだすハロウィンでもない。

「死者の日」は、日本のお盆のようなもので、死者を迎えて、死者と語り合いながら楽しい時間を過ごす日である。そこいらじゅうに骸骨がいるのは、帰ってきた死者たちに、ほら、こんなにもたくさん仲間がいますよ、と安心感をあたえるためなのだろうか、「死者の日」というと、骸骨がつきものだ。

パックアロとハニッツィオ島には、まずは昼間にバスで連れていかれたが、パックアロの中心部の広場はひとの山、屋台の山だった。ハエも、かなりの数、ぶんぶん飛びまわっている。どうしてこんなにもたくさん飛んでいるのか、よくよく見ると、ハエが狙っているのは砂糖でできた頭蓋骨の群れだった。真っ白な頭蓋骨の小さな砂糖菓子に、赤や黄や緑や青の絵の具で目やまつげや眉毛や歯が描き加えられている。ぜんぜん恐くなく、なんだか剽軽なかんじもあって、とても親しみやすい表情になっている。

聞くところでは、頭蓋骨の砂糖菓子は幼くして死んだ子どもたちが帰ってきたときのためのおもちゃとして用意されているとのこと。じっさい、家によっては、祭壇を設けて、そこに亡くなった者が好きだったものや、お腹がすかないようにパンや骸骨の砂糖菓子などを置いておくようである。たしかに、モレーリアのぼくらが泊まったホテルのロビーにもそんな祭壇ができていた。祭壇におかれる死者のパンはけっこうデコボコの特別なかたちをしていて、それなりに意味があるようだが、死者の日にしか出回らないというわけではなく、ふだんでもパン屋によっては売っている。じじつ、オアハカにホームステイしていたときには(オアハカも死者の日を盛大に祝うことで有名)、マリアがわざわざ買ってきてくれた。死者のパン？ とおそるおそるぱくつくと、「Es dulce, ¿verdad?(エス・ドゥルセ・ベルダー／甘いでしょ)」とマリア。たしかにかなり甘かった。

パツクアロには、深夜にもバスで連れていかれた。今度の目的地は大きな墓地だが、近いところで駐められる場所はすっかり埋まっているので、ずいぶん遠くにバスは駐車し、結果、かなりの距離を歩いて墓地に向かうことになった。つまり、ぼくらのような観光客や、お墓参りでやって来た者で、大混雑していたのである。

墓地は、深夜なのに(午前二時)、そこいらじゅうに灯されたロウソクの火で明るく、どの墓のまわりでもひとびとがキャンプしていた。組み立て式の椅子にすわる者、寝袋にくるまる者、墓の掃除に励む者、花や食べ物をていねいに墓の前に並べる者。そして、そのあいだを、ぼくらのような観光客が歩いていく。さすがに、モレーリアの街のようなバカ騒ぎは墓地のなかでは見られなかったが、しかし、墓地のすぐ隣りの空き地はコンサートの会場になっていて、エレキギターとドラムの音ががんがん鳴り響いていた。一晩中いるつもりでお墓参りに来たひとたちも、眠くなると、眠気覚ましに、死者を引き連れて、楽器の爆音を聴きにいくのか。

■「頭蓋骨」は「calavera(カラベラ)」。「dulce」は名詞になると「お菓子」。

一九九七年の一〇月から一一月にかけてメキシコに出かけた水木しげるも、オアハカに到着早々、骸骨の集団に出くわしている。同行した大泉実成が水木の言動を報告している。

「空港から市街地まで約二〇分ほど。街に入っていくと、まず目についたのは巨大なパン。「あれは卵の黄身が入ってまして『死者の日』を祝うためのものなんです」。邦夫さんが教えてくれる。／「死者の日」というのは、死んだ人の霊が帰ってくると信じられている日のことで、十一月のはじめにあるという。その他、死者の日にかぶる、というガイコツのゴム製の安物のお面なども売っている。水木さんが、／「これも買って帰ろう」／と言う。／街に深く入るにつれ、道が狭くなっていく。たくさんの露店が出ていて、ガイコツ人形だの、ガイコツのお菓子だのが売っている。とにかくやたらにガイコツの姿が目立つ(あとで「死者の日」の祭りのためとわかる)。／「世界で一番ガイコツ好きなんじゃないですか、メキシコは」／と水木さんは述べ、また、／「ビンボーそうでいい街ですね」／と言った。」(絵・水木しげる、文・大泉実成『幸福になるメキシコ』)

そして民芸品をつぎつぎ買う。

「仮面、民芸品、ガイコツ人形にガイコツのやきもの。特にガイコツにはまっているようで、気に入ったものを見ると、マシンガンであたり一面なぎ倒すような買いに入る。(中略)そして「こりゃ、ちょっとないな」などと一人ごとを言いながら選択をはじめた。／「色彩が多彩ですねえ。メキシコは、色がいいんだなあ」」(同前)

そして翌日も骸骨をあさってまわり、ある民芸品店で宝を見つける。

「この日の最大の収穫は、ここで入手したガイコツの「芸術作品」。細密に模様の描かれたやきもののガイコツの上部に、やはり細密に造られた美しい鳥が飛び、昆虫が遊び、草花が萌え出でている。水木しげるはしばらく絶句し、／「ガイコツなんてものを、あんた、こんなに美しく造るなんて、世界中にどこにもないですよ」／と言った。」(同前)

そしてこうまとめる。

「「ドクロになったら、こわいものはないです。ああ、だからみなあんな楽しそうに踊るんだな」／オアハカの「ガイコツ文化」を総括してくれた。」(同前)

「民芸品」は「artesanía(アルテサニーア)」。「芸術」は「arte(アルテ)」。「色」は「color(コロール)」。発音はちがうが、見た目はかなり英語に似ている。

楽しそうに踊る骸骨といったら、なんといっても、ポサダの骸骨だろう。

初めてその絵を見たのがいつだったのかは覚えていないが、その絵を見たときの衝撃は覚えている。骸骨たちが集結して、なにやら騒いでいた。もう何杯飲んだかわかんねえよといった風情で酒を飲んでいた。気取って葉巻をくわえてえらそうにしていた。途方に暮れたように葉巻を嚙みしめていた。ソンブレロをかぶり血のついたマチェテをふりかざして走っていた。目を丸くした馬にまたがって鞭をふりまわしていた。

しかし、肉がないから、どこか力がない。あばらがあるだけで肺もなにもないから、声も出てるようには思えない。いかにも空元気の空騒ぎを骸骨たちは展開していた、だからこそか、そんなギャップの妙にたちまち惹かれてしまった。

一度見たら忘れられないのがポサダの骸骨だが、ジョゼフ・ミッチェルもまたそんなひとりだった。雑誌『ニューヨーカー』でニューヨークに棲息する奇妙な人間たちを活写しつづけたユニークなコラムニストだったが、一九三三年、新聞記者だったとき、ポサダと衝撃的な出会いをしていた。フリーダ・カーロのインタヴューをとりに行ったときのことだ。ちょっと長いが、ポサダの肖像もカーロのポサダへの熱い思いもわかるので引用する。

ポサダの版画では「生ける骸骨がさまざまな活動をする生身の人間たちを模倣し，からかう」．インディオの出自であるのを恥じてフランス風の装いをする女を戯画化した骸骨（一番上）を，ポサダを尊敬するディエゴ・リベラは「アラメダ公園の日曜の午後の夢」で模写，「La Catrina（ラ・カトリーナ／気取った女）」と名づけた．（図版は *Posada: El Grabador Mexicano*, Editorial RM, 2006 より）

「カーロはディエゴ・リベラの妻で、自身も偉大な画家であり、悪魔的なシュールレアリストだった。そのころ、リベラは例のロックフェラーセンターの壁画を制作していたのである。訪ねたホテルのスイートの壁全面には新聞用の安紙に刷られた実に奇妙な版画が画鋲でとめられていた。「ホセ・グアダルーペ・ポサダ」とカーロはそれこそ崇めるように口にした。「メキシコ人。一八五二年―一九一三年」。版画はニューヨークで暮らす間、たまに眺めて正気を保つためにカーロみずから貼ったのだという。なかには普通の新聞サイズの紙もあった。「これはメキシコシティで起きた、驚くべき事件を絵にしているのよ――街や市場や、教会や寝室で起きたこと」とカーロは言った。「それを小銭稼ぎの呼び売りが売っていたの」。ある一枚には路面電車と衝突した霊柩車から落ちた柩が描かれていた。残骸となった柩のなかに、上品な風体の男があおむけに背筋を伸ばし、両手を組んで横たわっていた。聖堂で首を吊った聖職者の絵もあった。また死の床で、ある男の肉体から魂が離れんとする瞬間を描いたものもあった。しかし版画の大半は、生ける骸骨がさまざまな活動をする生身の人間たちを模倣し、からかうといった図だった。たとえば、骸骨の女に向かってひざまずき、愛の歌をうたう骸骨の男。告解室にはいろうとする骸骨の男。結婚式や葬儀に参列する骸骨。演説をぶつ骸骨。トップハットをかぶる骸骨の紳士に洒落たボンネットを頭にのせた骸骨の淑女。そうした絵図に私は仰天したのだが、何がいちばん驚いたかといえば、それらすべてがユーモラスだったことだ。路面電車の線路上で壊れた柩という、もっとも恐ろしい対象ですらそうだった。これはとりもなおさず、ポサダの版画に力強いユーモアという底流があるということである。」(ジョゼフ・ミッチェル著、土屋晃訳『マクソーリーの素敵な酒場』)

ミッチェルがいかにポサダに圧倒されたかは、その後、ポサダの本を入手すべく、ニューヨークの街を歩きまわったことにもあらわれている。ミッチェルは書いている。

「フリーダ・カーロが滞在するホテルのスイートを訪ったあの午後以来、私はポサダの版画を収めた本を探しつづけている。スペイン地区界隈の書店や骨董品店を通りかかれば、ポサダの本はないかと覗かずにいられない。ポサダへの敬意は募るばかりだ。」(同前)

ぼくは、ごめんねミッチェル、メキシコシティに出かけていったとき、早々とポサダの画集は入手した。ぼくだってずっと探していたのである。

メキシコシティのディエゴ・リベラ壁画館で見たリベラの傑作「アラメダ公園の日曜の午後の夢」にもポサダはいた。ビートルズの『サージェント・ペパーズ・ロンリー・ハーツ・クラブ・バンド』のジャケットのように有名人がどっさり並んだやけに横に長い大きな絵だが(ビートルズはきっと真似したのだろう)、中央に立っているのがポサダの絵を模した白いドレスを着た骸骨の女性だった。その名はラ・カトリーナ。そう、この骸骨には名前まであるのだ。メキシコの中心には美しい骸骨が立っているかのようである。

Ⅲ 仲間たち

キムの迷走する夢

六〇歳を越えて新しい言語を学ぶのは、科学理論的には、暴挙のようである。言語習得論の研究者のあいだには「臨界期仮説」というものがあるらしく、『外国語学習の科学』(白井恭弘著)にはこう書いてある。

「外国語学習には、臨界期、すなわち、その時期を過ぎると学習が不可能になる期間がある、という仮説です。この臨界期は思春期のはじまり(一二、三歳)までで、その時期を過ぎるとネイティブのような言語能力を身につけるのは不可能になる、というものです。」

一二、三歳!

六〇歳を過ぎた身から見たら、孫の歳だ。半世紀以上もの差がある。手遅れもいいところである。臨界期をとっくの昔に過ぎてしまっている。問題外、完全にアウトである。

しかし、中年ないしは老年の身で「ネイティブのような言語能力を身につけ」ようと志す者は稀だろう。少なくともぼくは、英語のなかにスペイン語があらわれてもたじろがない勇気、というか図々しさを獲得したいというのが動機だったし、メキシコで出会った、スペイン語を勉強しにきた中年や老年の面々にも「ネイティブのような」という野望はなかったように思う。

グアダラハラの学校では、ぼくに年齢の近い者といえば、すでに何度か登場している五七歳の韓国人のキムがいた。ソウルは寒いからグアダラハラに移住したいという考えがあって、その考えに同調しない妻をどう説得するかに心を砕いていた。家も借り、車も買い、移住の準備は整っていたから、残りは妻の説得とスペイン語の習得だった。「南米を車でまわるのが夢なんだ」と言っていた。しかし、妻がなかなか説得に応じようとしないせいもあったのか、それならスペイン語を勉強しても意味がないという気持ちに傾くこともあったのだろう、熱心に学習している気配はあまりなく、Nivel 1で姿を消した……かと思ったら、命令形のところで書いた通り、Nivel 5にいきなり再登場したのだから、妻の説得に成功して……あるいは、まったく新しい展開があって、学習にもがぜん身が入ったのかもしれない。

じっさい、Nivel 5で再会すると、キムは、いっしょに個人教授をうけないか、と誘ってきた。若い学生たちといっしょに勉強するのがいやだったのか、あるいは、集団で勉強するのが苦手だったのか、Nivel 2 & 3 & 4で教わるようなことはその個人教授で学んできたようである。

もっとも、やはりひとりきりの個人教授のほうが気が楽だったんだろう、ぼくを誘いはしたもののの、結局のところぼくといっしょの準個人教授は長続きしなかった。キムはキムで、ぼくはぼくで個人教授をうけることになった。

教師はアドリアナ。学校でクラスをもっているから、この個人教授はアルバイトである。二八歳のグアダラハラ大学の大学院生で、専攻はラテンアメリカの文学。好きな作家はアルゼンチンのフリオ・コルタサル。かっこいい小説を書くひとだよね、と言うと、「guapo（グアポ／イケメン）よ」と答えてきた。まあ、そう言えないこともない。

せっかく個人教授を受けるんだし、教師は文学専攻である。ぼくは、文学作品が読みたい、と注文をだした。おのれの力を省みない無茶な要望であることは承知のうえだったが、スペイン語で小説や詩を読んでみたかったのである。「短くないと、とても読めないけど」と断って。

するとアドリアナは、翌週、これをテクストに、と本を持ってきた。短い話がどっさり入ったアンソロジーである。それぞれの話の短さがハンパじゃない。一ページを越える作品はひとつもなく、大半が半ページ、一〇行もないものもあれば、二、三行というのもある。

「こういうの、cuento（クエント）というの」

とアドリアナは言った。ラテンアメリカにはクエントの伝統が昔からあるのだ、と。

「クエント」とは、小学館西和中辞典の語釈によれば、「短編小説、ゴシップ、うそ、作り話、ばかげた話」である。ラテンアメリカの文学というと、こっちの頭にまず浮かぶのは「マジカル・リアリズム」なる突拍子もない話という意味をもつ言葉だが、そうか、それも、この「クエント」の伝統のなかから自然に生まれたものなのかもしれない、とすとんと理解できた。

アドリアナが持ってきた本は『El libro de la imaginación（エル・リブロ・デ・ラ・イマヒナシオン／想像力の本）』といい、編者はエドムンド・バラデス。ラテンアメリカの文学が一躍注目を浴びて「ブーム」と呼ばれる時期を迎えたのは一九六〇年代のことだが、このメキシコ人の作家バラデスは、クエントのおもしろさを世界に知らせるべく、一九六四年に『El Cuento』という雑誌をスタートさせた、大のクエント好き。その雑誌がラテンアメリカ文学の「ブーム」をさらに後押しするものになった、とアドリアナは言った。メキシコ滞在の最後の日々、ぼくはメキシコシティのなかのローマという、なんだかニューヨークのヴィレッジあたりを思いださせる地域にしばらく滞在したのだが、古本屋が何軒かあり、その一軒を覗いていたら、バラデスが世界中のクエント的なものを集めてテーマ毎にまとめた厚い三冊セットのアンソロジーがあった。ラテンアメリカの「クエント」はじつは世界の文学の根幹に通じるものがあるんだよ、とでも言いたげな充実した編纂ぶりの本だった。

アドリアナが選んだクエントを、辞書を引き引きあらかじめ読んでいき、どういう話だったかを報告しては、修正されたり補足されたり解説をしてもらったりというレッスンだった。使用する言語はスペイン語、ときどき英語。ラテンアメリカの作家たちの作品を、たとえ二、三行のものでも、ともかく読み通すことは快感だったし、こんな変な話を書く作家がいるんだと初めて知ることは歓びだった。最高のテクストをアドリアナは選んでくれたものである。

彼女の誕生日には、感謝のしるしに、ちょうど出たばかりのコルタサルの分厚い短篇全集全二巻をプレゼントした。アドリアナの話では、メキシコの学生は、本は、古本屋か tianguis（ティアンギス）で買うという。ティアンギスとは路上市場のことで、ふだんはふつうの道路や公園である場所に市がたつのである。曜日によって売る品物が変わり、食材の市だったり生活用品の市だったり衣料品だったり、さまざま。「cultural（クルトゥラル／文化の）市もある」とアドリアナは一度連れていってくれたが、一画が大きな古本市になっていた。そういうところで、すこしでも安く本は買うらしい。だから、コルタサルのぴっかぴかの新刊には大興奮、コルタサルの顔が大写しになった表紙を見つめて、「¡guapo!」と目を潤ませ、「¡muchas gracias!」と抱きついてきた。アドリアナはこのときは一児の母。六年後にオアハカから連絡をとったときは三児の母になっていた。

ジャックの『孤独の迷宮』

グアダラハラの学校には、キムのほかにも何人か、中年期ないしは老年期の受講者がいた。いつも陽気におしゃべりしていたのは女性の三人組である。四〇代の後半あたりだったろうか。一期しかいなかったが、Nivel 9 (nueve／ヌエベ) だか Nivel 10 (diez／ディエス) の最上級クラスに参加していた。

「イタリア人だよ。イタリア人にはスペイン語は簡単なんだ。イタリア語とスペイン語はすごく似ているから」

Nivel 2 のクラスでスペイン語のよちよち歩きをしているぼくらを相手にしていたラウルは、彼女たちのにぎやかな声が聞こえてくると、「ふんッ」てな顔になってそう言った。ラウルはもともと概して女性には冷たいところがある。

言葉をかわす機会はついになかったが、ぼくよりも明らかに年上ですこぶるダンディな紳士もいた。どこのクラスに属していたのか、どこから来たのか、わからずじまいになったが、一コマしか受講してなかったらしく、授業が終わるとさっさと帰っていった。

アメリカから語学研修で来ていた大学生たちのツアーに混ざってサカテカスに一泊で出かけたときは、おなじように混ぜてもらって参加していたジャックとホテルで相部屋になった。ぼくとほぼおなじ年齢だが、学校では言葉をかわしたことはない。なにしろ、休み時間となると、スマホに集中していて、他人を寄せつけないのである。二一世紀の驚異的な発明品と遊んでいるのが楽しいのか、操作を学ぼうとして必死なのか、あるいはひとに話しかけられるのがいやなのか、いつもスマホをにらみつけていた。

サカテカスでは、夕食を食べにいっしょにレストランに出かけたが、口数は少なかった。アメリカ南部のノースキャロライナからやってきたこと、しばらく前まで大学の医学部の教授だったこと、いまはリタイアしたこと、をぽつぽつと語ってくれた。

どうしてメキシコにスペイン語の勉強に来たんですか、と訊くと、ときどき来るんだよ、と答えた。一期だけ受講しにときどき来る、と。

「娘がメキシコ人と結婚したんでね」

なるほど、そういうことか。

命令形を学んだクラスには novio や novia がメキシコ人だからスペイン語を勉強することにしたという受講生が何人かいた。そういう連中が novio や novia と結婚するとしたら、かれらの親にとっても、メキシコ人はだんぜん身近な存在になるだろう。スペイン語に興味をもっても不思議ではない。そういうきっかけでスペイン語を勉強しはじめる親も、ひょっとすると、少なくないのかもしれない、ジャックのように。

ジャックはサカテカスに小さな白い本を一冊持ってきていた。スマホより若干大きい本で、サカテカスに来るバスのなかでもときどき取りだしては読んでいた。なにをいったい一所懸命に読んでいるのかが気になったが、まもなくなんの本かがわかった。

『El laberinto de la soledad（エル・ラベリント・デ・ラ・ソレダー／孤独の迷宮）』。著者はメキシコの詩人オクタビオ・パス。メキシコ人論として名著の誉れ高い書だから、ぼくもメキシコに日本語訳を持ってきていた。随所で、メキシコ人とはどういう人間か、語られるが、たとえばつぎのような一節を、ジャックはどんな気持ちで読むのだろう？

「メキシコ人はその情熱と自分自身の偽装において優れている。他人の視線を恐れて、彼は身をちぢめ、小さくなり、影と幻、こだまとなる。彼は歩かずに、滑っていく。彼は提案せずに、暗示する。反論せずに、ぶつぶついう。不平をいわず、微笑する。歌うときですら――もし爆発せずに、胸襟を開くのであれば——口の中で、中途半端な声で歌う。こうしてその歌をごまかすのである。（中略）こうした偽装は、おそらく植民地時代の間に生まれたものであろう。レイエスの詩にあるように、インディオとメスティソは小声で歌わねばならなかった。それは「口の中なら、反逆の言葉も聞こえにくい」からである。植民地世界は消滅した。けれども、恐怖、不信感、危惧は消えなかった。しかも現在、我々は我々の怒りだけでなく、我々のやさしさまでも偽っている。」（高山智博・熊谷明子訳『孤独の迷宮』）

娘の夫がいったいなにを考えているのか、信用できるやつなのか、と心が騒ぐことはないのか？

ぼくも、その後、その白い小さな本を購入し、アドリアナが選んでくれた一ページに挑戦したが、いま引いたような文章の連続でそうとうに難解だ。ジャックが一所懸命に読んでいるのは難解だからなのかもしれないが、娘と結婚したメキシコ人とはどういう存在なのか、気にかかってしかたないからじっくりゆっくり読んでいるのかもしれない。

ちなみに、「メスティソ（mestizo）」とはインディオとスペイン人の混血のこと。『孤独の迷宮』の訳者が「あとがき」で、「特異な文化を持つメキシコの歴史」について解説している。長めだが引用する。

「まず、二万年にわたるメキシコ史の九七・五パーセントは、かつてアジア大陸から移り住んだ人々、つまりインディオの歴史だということである。彼らは狩猟、採集の段階からマヤ、アステカといった高度な文明まで、独自の文化を発展させた。／だが、四六〇年ほど前(一五二一年)、スペイン人エルナン・コルテス一行によるアステカ帝国征服で、インディオ文明は致命的な打撃を受けた。それまでの土着民世界は、スペイン植民地ヌエバ・エスパーニャとして、スペイン人がインディオを支配することになる。そして新たに建設された都市を中心に西洋文化が移植され、周辺では文化の融合が生じた。またインディオとスペイン人との混血化が進行し、かくして現在のごとき、国民の八割までがメスティソ(混血)という異質な国家が出現したのである。／メキシコは一八二一年に、スペインから独立した。しかし、独立を達成させた主人公は、ペニンスラール(スペイン本国人)に反発を持つクリオーリョ(新大陸生まれのスペイン人)であって、インディオではなかった。したがって、独立後も、白人支配の社会構造には大した変化は起こらなかった。その上、近代化が推進されたものの、それはイコール西洋化ということで、インディオ的なものは遅れたものとして、過小評価され、生活面でもインディオや下層のメスティソはより一層、外国資本や特権階級によって搾取された。」(同前)

孫はどういうふうに育っていくのか。メキシコに来るたび、ジャックはきっと考える。

「ペニンスラール」は「peninsular」。「península(ペニンスラ/半島)」の、つまり「イベリア半島のひと」ということだ。英語とスペルはほぼおなじである。「クリオーリョ」は「criollo」で、英語だと「Creole」になる。

ピーターとルイスの動機

グアダラハラから六年後にオアハカの学校へ行ったときは、ほぼまっさらな赤子状態でグアダラハラに着いたときと比べれば、スペイン語に馴染んではいた。

とはいえ、その六年間、日本でのスペイン語との接触は、ＮＨＫのラジオ講座（またしても！）以外、ほぼゼロで、ラテンアメリカ関連の翻訳書こそ熱心に読むようになったものの、アドリアナが用意してくれたクエントの本も開くことはなく、ラテンアメリカ発の映画が公開されるとすっ飛んでいく程度だったのだから、スペイン語力は確実に落ちていた。

したがって、オアハカの学校で初日にクラス分けの簡単なテストがあったときは、グアダラハラでのクラス分けのテストで「犬がたくさんいる」と暗号まがいの文章を書いたような真似こそしなかったものの、あッ、これはなんだっけなあ？　と勉強した記憶はよみがえっても答えは出てこないという症状に襲われ、せっかく勉強したのに……と悔しくてならなかった。語学は慣れだ、とあらためて思う。日々接していないと、わかったつもりでいたことなど、たちまち忘れてしまう。まちがいながらも日々繰り返すこと、それが外国語学習の王道である。

テストは二〇分ほどで終わり、塾長のリリアーナが瞬時に採点し、ファンのクラスに決まった。そう、「塾長」とおもわず書いてしまったが、ぼくが参加したオアハカ・インターナショナルは、「私塾」といったかんじの小さな施設だった。旧市街のほぼ真ん中、中庭のある二階建ての民家をすこし改造したような建物で、休み時間に二階の屋根の上に出てコーヒーを飲んでいると、すぐ下の通りを街の人々が歩いていくのが見えるという、だれかの家にお邪魔しているようなかんじがなんとも心地よいところだった。ここもインターネットで見つけた。

そのファンは三〇代半ばのがっしりした体格の青年で、クラスには、ぼくとほとんどおなじ六〇歳を過ぎた男がふたりいた、というか、そのふたりしかいなかった。クラスはもうひとつあり、そっちには二〇代から三〇代とおぼしき男女ふたりがいたから、リリアーナが年齢別で分けたのかもしれないが、ぼくは、おッ、おなじような仲間がいた、とまずはおどろいた。

ふたりともアメリカ人で、ピーターはハワイのホノルルから、ルイスはテキサスのサンアントニオから来た。ピーターは元銀行家で、いまはリタイアし、大学で経営学をときどき教えているという。ルイスは泌尿器科の開業医だった。

ぼくは三週間の予定でオアハカに来たが、ふたりは二週間。午前中はスペイン語を勉強して午後は観光という過ごし方をしていたのはぼくとおなじ。ただ、ふたりはすでに二週目に入っていたので、ぼくといっしょだったのはわずか一週間だ。

ピーターが勉強しに来たのは、すっかり忘れてしまったスペイン語を思いだすためだった。幼少時はアルゼンチンをはじめ南米のあちこちで育ったのでスペイン語ができたが、一〇歳にならないうちにアメリカにもどってからはまるきり縁がなくなった。銀行家だったときもアジアやヨーロッパではたらくことはあったが、スペイン語圏に行くことはなかったらしい。でも、話しだすと幼少期の記憶がよみがえるのか、言葉をさぐりながらよくしゃべった。

ルイスは学校でスペイン語を習ったが、とっくに忘れていた。しかし、このところスペイン語の必要性を切実にかんじてきたので勉強しはじめたのだという。ルイスが病院を構えるテキサスのサンアントニオは、住民の六〇パーセントがヒスパニックですでに多数派。やってくる患者もヒスパニックが多いし、看護師もヒスパニックだ。これまで患者とは看護師を通訳にして話をしてきたが、直接話したほうがいいだろうと思うようになり、スペイン語の勉強を再開した。サンアントニオとオアハカに時差はなく、飛行機だとメキシコシティ経由で五時間。すこぶる近い。よく来る、と言っていた。

すごく短期の授業だから、系統だったことはできるわけがなく、おしゃべりが基本である。

たとえば――

「昨日、でっかい人形を先頭にしたパレードを見たんだけど、あれはなに？」とピーターがスペイン語で訊く（言葉を探しながらのゆっくりとした質問だが、ぼくには、じつはこの時点では、ピーターがなにを言ったのか、わかっていなかった）。

するとフアンは、その質問文の文法的な間違いを即座に正しながら（正しているのはわかった）、スマホを軽快にいじくって「これ？」と画像を出す。「それ、それ」とピーター。とぼけた顔の巨大な張りぼての人形が二、三体いて、後ろには楽隊、そして行列ができている（ぼくはここでようやく、なにが話題になっているのか、推測できるようになった）。

「calenda（カレンダ）」とフアンは言い、説明する。すこしわかるが、ほとんどわからない。ピーターもすべてわかるわけではなく、説明のなかに出てきたいくつかの語についてさらに説明を求め、フアンがそれに応じてまた説明する。かくして、カレンダからはじまった話はどんどんいろんな方向へと広がっていく（ぼくはついていけなくて頭が痛くなる）。

でかい張りぼての人形は「mono（モノ）」といい、結婚式など大きな「fiesta（フィエスタ／パーティ）」にはつきもののパレードだ、と知るのはあとでググって調べてからのことである。

物の本にはこう書いてある。

「オアハカ市の伝統的な祭りといえば、マルモータ（長い竿の上にのせた提灯）やモノ（人がなかにはいっておどけた動作をする巨大な張りぼて人形）が楽隊のメロディーに合わせて行進するカレンダである。カレンダとは、守護聖人などの祭りの際、祭りの当日の二日前におこなわれる行事を指す。なかでも有名なのが、オアハカ市の守護の聖母を祀る十二月中旬のラ・ソレダー教会のカレンダであろう。」（高山智博著『メキシコ多文化 思索の旅』）

でもいまは、なにかというとカレンダの登場となるようで、ぼくがいたのは九月だが、オアハカにいた三週間のあいだに四回も街のなかで出くわした。

ファンがいきなり課題を吹っかけてくることもあった。たとえば――

「自分の国の mito（ミト／神話）か leyenda（レジェンダ／伝説）の話をせよ」

あたえられた準備時間は一五分。こっちは、ファンがコーヒーを飲みに行っているあいだ、思いついたネタ（桃太郎）を電子辞書で百科事典を出して確認し、スペイン語の単語を用意する。「桃」は「durazno（ドゥラズノ）」、「育てる」は「criar（クリアール）」、「鬼」は「diablo（ディアブロ）」、「黄金」は「oro（オロ）」……

ファンがもどってきてプレゼン開始。ピーターはハワイの火山の女神ペレの話をする。ファアンは話の文法のまちがいを正しながらスマホをいじり「これだろ?」と画面を見せる。ルイスはロッキー山脈に棲息するとされる伝説の猿人ビッグフットの話をする。ファンはやはりまちがいを正しながらスマホをいじり「これだろ?」と画面を見せる。ぼくは桃太郎の話をする。「貧しい老夫婦がいた、婆さんが川に行った、桃が見つかった、なかに子どもがいた、桃太郎と名づけた、ふたりで育てた、桃太郎は鬼の棲む島に行った、鬼をやっつけて黄金を持って帰ってきた」ファンはやはりまちがいを正しながらスマホをいじり、「これ?」と桃太郎のマンガを見せる。ピーターもスマホをいじって「Peach Boy?」と訊く。双方にうなずきながら、ぼくはドッと疲れている。そしてスマホが授業で大活躍していることにおどろいている。

ときおり、頃合いを見計らって、ファンは基本の文法の復習にはいることもあった。たとえば、英語の be 動詞にあたる「estar(エスタール)」と「ser(セール)」のちがいについての確認。よしッ、これなら知ってるぞ、とぼくはちょっと安心する。前者は状況を、後者は性質をしめすのだったな、と。ファンは、ふたつの動詞を使い分けた文章を明日までにつくってくるように、と言って授業を終える。tarea だ、と。

翌日ピーターがもってきた文章がよかった。

estar → La ventana está abierta. (= The window is open.)

ser → Donald Trump no es abierto.(＝Donald Trump is not open.)

時は二〇一六年の九月である。一一月の選挙でまさか開放的でない(no es abierto／ノ・エス・アビエルト)閉鎖的なトランプが大統領になるなんて、ピーターもルイスも考えていなかった。ルイスは顔を歪め「exactamente(エクサクタメンテ／その通りだ)」とつぶやいた。

一週間がすぎると、ふたりはいなくなり、ファンのクラスはぼくだけになった。ひとりっきりになったその月曜日は肌寒く、なのに、こっちはうっかり下着にポロシャツだけの薄着で出かけた。肩こりはすぐに来て、それは翌日までつづき、その翌日もそのまた翌日もと延々と帰る日まで、というか日本に帰ってまでもつづいた。キューバの悪夢の再来である。

ただ、キューバの場合とちがうのは、ファンの教えもあって、「Tengo dolor de hombro.(テンゴ・ドロール・デ・オンブロ／肩が痛い)」と言えるようになったこと。それだけではない、ファンは、似ている三つの語も覚えてしまえ、と励ましてもくれた。すなわち——

「hombro(オンブロ／肩)」

「hombre(オンブレ／男)」

「hambre(アンブレ／腹が減った)」

肩が痛い男は腹が減った。セットで覚えた、肩をもみもみしながら。

スーザンの優雅

グアダラハラで九カ月過ごした後は南部のサンクリストバル・デ・ラス・カサスの学校で一週間スペイン語の勉強をし、そこからパレンケやボナンパックやヤシュチランといったマヤ文明の遺跡を経由してユカタン半島の先端のカンクンをめざした。遺跡というものにはそれまでほとんど興味のなかったぼくだが、ジャングルのなかに埋もれた、いまなお発掘中のそれらの遺跡の迫力は別格で、圧倒された。高い木の上で鳥の群れのような声で騒ぎまくる猿の声などを聞きながら草木をかきわけて古代の神殿をめぐっていると、そのジャングルの緑の静寂のなかにぐいぐい引きこまれていく、いまにもタイムスリップしそうな新しい自分がいるのを強烈にかんじた。

サンクリストバル・デ・ラス・カサスの学校での一週間は二〇一〇年の最後の一週間だったから、インスティトゥト・ホベルというその学校にいたのはぼくひとり。やはり私塾のような、中庭が美しい小さなお屋敷だった。メキシコの年末が、日本のようになにかと慌ただしくなるのかどうかは知りもしないが、ついつい日本での癖が出て、先生としてあらわれたリカルドには「年末の忙しいときに仕事をさせてごめんなさい」みたいな挨拶をしていた。日本では「師走」といい、先生も忙しくなって走るんですよ、とかいいかげんなことを言って。

ひとりしかいないのだから、クラス分けのテストもなにもなく、リカルドはぼくとおしゃべりしながら、ぼくのレベルを測り、「動詞が……」と言うと、それじゃ、動詞の変化の練習をしようか、と即興的に自在に授業をすすめた。

リカルドに教えてもらってだんぜん記憶に残ったのは、メキシコの産業についてのこと。

「メキシコで一番の産業はなんだと思う？」と訊いてきたのである。

「石油？」とぼく。

「かつてはね、いまは二番だ」とリカルド。

「Pues.（プエス）」とぼくは「えーと」という意味の、会話では便利なつなぎの語を口にしながら考えた。

「観光？」

「No.」

「Pues . . .」

「アメリカに仕事をしに行くことだよ」とリカルドは言った。出稼ぎということか。

「……」

「Poor Mexico, so far from God, so close to the United States.」とリカルドが英語で言った。

「なに、それ？」

「メキシコの独裁者が昔に言った言葉だ」とリカルド。「いまもまったくおなじだ」

その独裁者とは数十年にわたってメキシコに君臨した大統領のポルフィリオ・ディアスだと確認できたのは、後でググってからである。その独裁を倒したのが一九一〇年代に起きたメキシコ革命。この言葉はメキシコのアメリカにたいする複雑な感情をいまなお明快に語っていると言われている。「気の毒だね、メキシコ、神は遠すぎて、アメリカが近すぎる」

そういえば、とさらにずっと後になって思いだしたのだが、アメリカのチカーノの作家のアナ・カスティージョには、そのものずばり、『So far from God』という小説がある。刊行されたのは一九九三年。アメリカのニューメキシコに暮らすメキシコ人の家族の話である。

サンクリストバル・デ・ラス・カサスでホームステイしたのはベティの家。そこで新年を迎えた。はじめ、居候しているのはぼくひとりだったが、「あと数日したら、もうひとり学生が来る」とベティは言った。グアダラハラの学校を思いだして若者の登場をぼくは想像した。サンクリストバル・デ・ラス・カサスはヒッピーなども集まる、若者に人気のところでもあるのだから。

三一日、「来てるわよ」とベティが言い、「スーザン！」とキッチンのとなりの部屋に声をかけた。まもなく静かにドアが開いて、なんと、ヒッピーどころか、身奇麗な老婦人があらわれた。クーカとメーラとおなじくらい。失礼をかえりみず、おもわず歳を訊いていた。

「七五歳」

えッ、とおどろいたが、つぎの質問の返事にはもっとおどろいた。

「いつごろからスペイン語を勉強しているんですか」

「七三歳」

アメリカのミネソタから来た。iPodをもっていた。

「ヨーヨー・マが好き。どっさり入れてありますよ」とても穏やかな顔で言った。チェロの音色に励まされながらスペイン語を勉強しているのか。それにしても七三歳からとは！

しかし、さらにもっとおどろいたのはそのあとだ。スーザンが部屋に引きあげてから、ベティに訊いたのである。

「あんなに高齢の学生は、受け入れるの、初めてでしょ?」

ベティは飄々として答えた。

「いいえ、前に八〇歳のご夫婦が来ました」

上には上がいる。

おわりに

長いことフリーランスでアメリカの小説の翻訳や紹介をしてきたが、五四歳になったときに縁あって大学で教えることになり、六一歳になったときに一年の研究休暇をいただいた。そこでメキシコに行くことにした。そして、どうせ行くなら、スペイン語をしっかり教わってこようかと考えた。そのときの、および、それ以前の、またそれ以後の、スペイン語を相手にしたぼくの悪あがきの経過報告である。

どうしてメキシコなのか。アメリカの小説に長いこと関わってきたのならアメリカに行くのがふつうじゃないか。

メキシコに行こうかと思う、と言うと、そんなことも言われた。

でも、ずっと気になっていたのである。ぼくは大学院での修士論文にアメリカ南部のテキサス出身の作家、キャサリン・アン・ポーターをとりあげたが、彼女は、作家としてデビューする前はジャーナリストで、一九一九年から約一年半、二九歳から三〇歳にかけて、混乱するメキシコ革命の現状をアメリカの新聞にレポートしていた。その実績を買われ、一九二一年にはメキシコシティで開かれた「メキシコのポピュラー・アート展」をアメリカでも開く企画のプロデュースを革命政府から依頼された。しかし、当時はまだアメリカはメキシコの新政府を承認していなかったから、ポーターが「ワシントン、ニューヨーク、セントルイス、シカゴなど開催候補地のギャラリーや公共展示施設管理者に依頼状を次々と書い」ても、「結果は無惨なもので、どの候補地も、まだ外交関係も復活していない新メキシコ政府の政治的プロパガンダに利用されるのはごめんだ、という回答を送り返してきた。しかしキャサリンはワシントンからは遠く、メキシコ系移民の多いカリフォルニア州ロサンゼルス市で強行開催することに決め」、「一九二二年一月二二日から二週間にわたって（中略）「メキシコのポピュラー・アート展」を開催した。（中略）一日平均三〇〇〇人から四〇〇〇人の観客が押し寄せたという。つまり大成功だったということだ。」（加藤薫著『ディエゴ・リベラの生涯と壁画』）

プロデュースをすすめるなか、ディエゴ・リベラやホセ・クレメンテ・オロスコやミゲル・コバルビアスやハビエル・ゲレーロといったメキシコの芸術家たちの作品にいっそう魅了されることになった。展覧会のカタログはポーターが書いた。最初の短篇が雑誌に発表されるのはその年の末だが、それもメキシコを舞台にしたものである。また、一九三四年の「アシエンダ

（農園）」という短篇は、エイゼンシュテインの未完成の映画『メキシコ万歳』の撮影風景に材を得たスリリングな作品である。

そんなわけで、メキシコは気になっていたのである。

さらには、大好きなジャック・ケルアックの『オン・ザ・ロード』でもメキシコへの旅のパートがだんぜん印象に残っていたし、『トリステッサ』は、「トリステッサ（哀しみ）」という名前のメキシコ人女性を追い求める、メキシコへの愛の表明そのものになっている。

あるいは、『悪魔の辞典』で知られる辛辣なアンブローズ・ビアスは、メキシコ革命の最中にメキシコに入ってそのまま行方知れずとなった。そのときビアスは七一歳。メキシコの作家のカルロス・フエンテスはメキシコに入ってきたそんなビアスを題材に『老いぼれグリンゴ』を書いている。あるいは、アメリカ映画ではメキシコがよく逃亡の地として描かれている。たとえば『ゲッタウェイ』のラストはスティーブ・マックウィーンの車が国境を越えてメキシコへ入っていく後ろ姿を追いかけたシーンではなかったか。あるいは、「国境の南」というスタンダード・ナンバーでは、「国境の南、メキシコのほう、そこでは、ぼくは恋におち、空には星々がとびかう」と歌われる。

メキシコはそんなにも魅力的なところなのか。

それをこの目でたしかめてみたいと思ったのである。しばらくのあいだ大学をサボることになったぼくをカバーしてくれた古屋美登里さんと、家人に感謝する。

本書には、『早稲田学報』、『本の雑誌』、『學鐙』などに書いた文章に大幅に手を加えたものが入っている。寺山浩司さん、松村眞喜子さんにはとくにお世話になった。また、半分以上はまったく新たに書いたものだが、古川義子さんの激励がなかったら完成しなかった。

なお、随所でスペイン語についての生かじりの知識を臆面もなく披露しているが、あまりにもトンチンカンなことを書いていたらさすがにまずい、と思い、ラテンアメリカ文学を専門にされている久野量一さんに点検していただいた。「本の魅力は生かじりの部分にあるかと思います」という励ましはうれしかった。だから、というか、でも、というか、なにか変なことが書いてあったら、それはぼくの生かじりの所産で、ぼくの責任である。

ここに記してみなさんにお礼を申し上げたい。

二〇一七年八月

青山　南

岩波新書新赤版一〇〇〇点に際して

ひとつの時代が終わったと言われて久しい。だが、その先にいかなる時代を展望するのか、私たちはその輪郭すら描きえていない。二〇世紀から持ち越した課題の多くは、未だ解決の緒を見つけることのできないままであり、二一世紀が新たに招きよせた問題も少なくない。グローバル資本主義の浸透、憎悪の連鎖、暴力の応酬——世界は混沌として深い不安の只中にある。

現代社会においては変化が常態となり、速さと新しさに絶対的な価値が与えられた。消費社会の深化と情報技術の革命は、種々の境界を無くし、人々の生活やコミュニケーションの様式を根底から変容させてきた。ライフスタイルは多様化し、一面では個人の生き方をそれぞれが選びとる時代が始まっている。同時に、新たな格差が生まれ、様々な次元での亀裂や分断が深まっている。社会や歴史に対する意識が揺らぎ、普遍的な理念に対する根本的な懐疑や、現実を変えることへの無力感がひそかに根を張りつつある。そして生きることに誰もが困難を覚える時代が到来している。

しかし、日常生活のそれぞれの場で、自由と民主主義を獲得し実践することを通じて、私たち自身がそうした閉塞を乗り超え、希望の時代の幕開けを告げてゆくことは不可能ではあるまい。そのために、いま求められていること——それは、個と個の間で開かれた対話を積み重ねながら、人間らしく生きることの条件について一人ひとりが粘り強く思考することではないか。その営みの糧となるものが、教養に外ならないと私たちは考える。歴史とは何か、よく生きるとはいかなることか、世界そして人間はどこへ向かうべきなのか——こうした根源的な問いとの格闘が、文化と知の厚みを作り出し、個人と社会を支える基盤としての教養となった。まさにそのような教養への道案内こそ、岩波新書が創刊以来、追求してきたことである。

岩波新書は、日中戦争下の一九三八年一一月に赤版として創刊された。創刊の辞は、道義の精神に則らない日本の行動を憂慮し、批判的精神と良心的行動の欠如を戒めつつ、現代人の現代的教養を刊行の目的とする、と謳っている。以後、青版、黄版、新赤版と装いを改めながら、合計二五〇〇点余りを世に問うてきた。そして、いままた新赤版が一〇〇〇点を迎えたのを機に、人間の理性と良心への信頼を再確認し、それに裏打ちされた文化を培っていく決意を込めて、新しい装丁のもとに再出発したいと思う。一冊一冊から吹き出す新風が一人でも多くの読者の許に届くこと、そして希望ある時代への想像力を豊かにかき立てることを切に願う。

（二〇〇六年四月）

青山 南

1949年福島県生まれ．翻訳家，エッセイスト．
著書—『短編小説のアメリカ52講』(平凡社ライブラリー)，『ネットと戦争』(岩波新書)，『英語になったニッポン小説』(集英社)，『南の話』(毎日新聞社)他多数．
訳書—『パリ・レヴュー・インタヴューⅠ，Ⅱ 作家はどうやって小説を書くのか，じっくり／たっぷり聞いてみよう！』(編訳，岩波書店)，ロス『われらのギャング』『ゴースト・ライター』(集英社)，ケルアック『オン・ザ・ロード』『トリステッサ』(河出書房新社)，ディディオン『ベツレヘムに向け，身を屈めて』(筑摩書房)，ボイル『血の雨』(東京創元社)他多数．

60歳からの外国語修行 メキシコに学ぶ

岩波新書(新赤版)1678

2017年9月20日 第1刷発行

著 者 青《あお》山《やま》 南《みなみ》

発行者 岡本 厚

発行所 株式会社 岩波書店
〒101-8002 東京都千代田区一ツ橋2-5-5
案内 03-5210-4000 営業部 03-5210-4111
http://www.iwanami.co.jp/

新書編集部 03-5210-4054
http://www.iwanamishinsho.com/

印刷製本・法令印刷 カバー・半七印刷

ISBN 978-4-00-431678-7 Printed in Japan

本書に登場するスペイン語表現

（原綴［発音］意味，登場ページの順に示す．なお，意味として挙げたのは本書本文の文脈に沿うもので，必ずしも辞書的なものではない．）

名詞

〈色〉

amarillo［アマリージョ］黄色　194
color［コロール］色　203
negro［ネグロ］黒　194
rojo［ロホ］赤　194

〈数〉

cinco［シンコ］数字の5　61
cuatro［クアトロ］数字の4　136
diez［ディエス］数字の10　215
dos［ドス］数字の2　59, 179
nueve［ヌエベ］数字の9　215
ocho［オーチョ］数字の8　61, 178
once［オンセ］数字の11　39
seis［セイス］数字の6　61
siete［シエテ］数字の7　61
tres［トレス］数字の3　136
uno［ウノ］数字の1　49

〈方向・方角〉

izquierda［イスキエルダ］左　45
derecha［デレーチャ］右　45
este［エステ］東　65
norte［ノルテ］北　64, 66
oeste［オエステ］西　65
sur［スール］南　65

〈曜日〉

domingo［ドミンゴ］日曜　181
jueves［フエベス］木曜　178
lunes［ルネス］月曜　178
martes［マルテス］火曜　178
miércoles［ミエルコレス］水曜　178
sábado［サバド］土曜　181
viernes［ビエルネス］金曜　181

〈食〉

agave［アガベ］竜舌蘭　194
agua［アグア］水　76, 114
agua de horchata［アグア・デ・オルチャータ］シナモン入りの甘い米のジュース　75
agua de Jamaica［アグア・デ・ハマイカ］ハイビスカスの甘いお茶　75
aguacate［アグアカテ］アボカド　74, 164
arroz［アロス］米　76
arroz con leche［アロス・コン・レチェ］シナモンとミルクと米の甘いデザート　75
cacahuate［カカウアテ］落花生　32, 171
cafetería［カフェテリーア］コーヒー屋　73
carne［カルネ］肉　72
carnicería［カルニセリーア］肉屋　72
cena［セナ］夕食　76
chicharrón［チチャロン］豚皮の揚げもの　32
chile［チレ］トウガラシ　74, 111, 167

本書に登場するスペイン語表現

chorizo[チョリソ]豚肉のソーセージ　73
cilantro[シラントロ]パクチー　74
cocinero / cocinera[コシネロ／ラ]料理人(男性／女性)　194
comida[コミーダ]昼食　33, 73, 76, 103
desayuno[デサユノ]朝食　76
dulce[ドゥルセ]お菓子／形容詞：甘い　111, 202
durazno[ドゥラズノ]桃　225
fideo[フィデオ]バーミセリ(パスタの一種)　42, 44
frijores[フリホーレス]インゲン豆　74
fruta[フルータ]果物　164
harina[アリーナ]小麦粉　76
helado[エラード]アイスクリーム　117
hielo[イエロ]氷　117
leche[レチェ]ミルク　76
limón[リモン]ライム　69, 70
maíz[マイス]トウモロコシ　76
mole[モレ]肉を煮込むソース　193
naranja[ナランハ]オレンジ　70
nopal[ノパル]ウチワサボテン　74
pan[パン]パン　72
panadería[パナデリーア]パン屋　72
papa[パパ]ジャガイモ　114
pastel[パステル]ケーキ　72
pastelería[パステレリーア]ケーキ屋　72
plátano[プラターノ]バナナ　110, 111
salsa[サルサ]ソース／風味／サルサ(音楽のジャンル)　74, 167
salsa de soya[サルサ・デ・ソヤ]しょうゆ(大豆のソース)　167
sopa[ソパ]スープ　44
tacos[タコス]タコス　69, 72
taquería[タケリーア]タコス屋　69, 72
tequila[テキーラ]テキーラ　33, 194
tortilla[トルティーヤ／リャ／ジャ]トルティーヤ　73, 78
Yakult[ジャクルト]ヤクルト　99
mezcal[メスカル]アガベ(竜舌蘭)で作るお酒　194
〈国〉
australiano / australiana[アウストゥラリアーノ／ナ]オーストラリア人(男性／女性)　65, 66
canadiense[カナディエンセ]カナダ人(男性＆女性)　65, 67
coreano / coreana[コレアーノ／ナ]韓国人(男性／女性)　65, 66
criollo / criolla[クリオーリョ／リャ]新大陸生まれのスペイン人(男性／女性)　220
Estados Unidos, los[ロス・エスタドス・ウニドス]アメリカ合州国　66
Estados Unidos Mexicanos, los[ロス・エスタドス・ウニドス・メヒカーノス]メキシコ(正式名称)　66
estadounidense[エスタドウニデンセ]アメリカ人(男性＆女性)　66, 67
gringo / gringa[グリンゴ／ガ]外国人，アメリカ人(男性／女性)

64, 66
inglés / inglesa［イングレス／サ］イギリス人（男性／女性） 66, 67
Japón［ハポン］日本 37
japonés / japonesa［ハポネス／サ］日本人（男性／女性） 66, 67
mestizo / mestiza［メスティソ／サ］インディオとスペイン人の混血（男性／女性） 218
mexicano / mexicana［メヒカーノ／ナ］メキシコ人（男性／女性） 4
Nueva España［ヌエバ・エスパーニャ］新スペイン 121
peninsular［ペニンスラール］スペイン本国人（イベリア半島の男性＆女性） 220
〈人称代名詞〉
él / ella［エル／エジャ］かれは／彼女は 147, 148
ellos / ellas［エジョス／エジャス］かれらは／彼女らは 147, 148
nosotros / nosotras［ノソートロス／ラス］わたしたちは（男性／女性） 147, 148
tú［トゥ］きみは 100, 101, 135, 147, 148
usted［ウステー］あなたは 147, 148, 150, 151, 156
ustedes［ウステーデス］あなたがたは／きみたちは 147-149, 151
vosotras / vosotros［ボソートロス／ラス］（スペインで）きみたちは（男性／女性） 147, 149, 150, 152
yo［ジョ／ヨ］わたし 100, 135, 147, 148
〈固有名〉
Bimbo［ビンボ］パンのブランド名 169
Bonafont［ボナフォン］水のブランド名 117
『Cielito Lindo』［シェリト・リンド］かわいい恋人（曲名） 185
Finca Vigía［フィンカ・ビヒア］絶景荘（ヘミングウェイ邸の名） 15
『La Cantina』［ラ・カンティナ］酒場（CD 名） 192
OXXO［オクソ］コンビニのチェーン名 168
Televisa［テレビサ］メキシコ最大のテレビ局名 182
〈その他の名詞〉
abogado［アボガド］弁護士 163
agnóstico［アグノスティコ］不可知論者 60
ahora［アオラ］いま 123
ahorita［アオリータ］（瞬間的な）いま 124
arte［アルテ］芸術 203
artesanía［アルテサニーア］民芸品 203
autobús［アウトブス］長距離バス 94
ayer［アイェール］昨日 123
bache［バチェ］穴 26
basura［バスーラ］ゴミ 106, 107
calavera［カラベラ］頭蓋骨 202
calenda［カレンダ］守護聖人の祭りなどの 2 日前に行われる行事 224
calle［カイェ／カリェ／カジェ］道路 86

本書に登場するスペイン語表現

camión[カミオン]バス，トラック　89, 94, 97, 146
camioneta[カミオネタ]ピックアップ・トラック　97
carro[カロ]車　82
casa particular[カサ・パルティクラール]民宿　16
católico[カトリコ]カトリック　60
chico[チコ]こども，少年，青年　51
cielo(cielito)[シエロ(シェリト)]空，恋人　185
cuento[クエント]短編小説，作り話　212
cumbia[クンビア]音楽のジャンル名　192
Día de Muertos[ディア・デ・ムエルトス]死者の日　198
diablo[ディアブロ]鬼　225
equipo[エキポ]チーム　127
esposo/esposa[エスポソ／サ]夫／妻　100-102
estación[エスタシオン]駅，季節　57, 163
estacionamiento[エスタシオナミエント]駐車場　44, 162
estadio[エスタディオ]スタジアム　57
estado[エスタード]状態　57
estrés[エストレス]ストレス　58, 164
estudiante[エストゥディアンテ]学生　57
estudio[エストゥーディオ]勉強，スタジオ　57
fiesta[フィエスタ]パーティ　224
flor[フロール]花　72
florería[フローレリーア]花屋　72
fotonovela[フォトノベラ]写真漫画　182
fútbol[フトボール]サッカー　127
futobolista[フトボリスタ]サッカー選手　127
futuro[フトゥーロ]未来　123
gay[ゲイ]ゲイ　159
guapo/guapa[グアポ／パ]イケメン／美女　212, 214
historieta[イストリエタ]劇画　182
hombre[オンブレ]男　227
hombro[オンブロ]肩　227
hoy[オイ]今日　124
idioma[イディオマ]言語　152, 153
iglesia[イグレシア]教会　132
imperfecto[インペルフェクト]線過去　137
leyenda[レジェンダ]伝説　225
mamá[ママ]お母さん　112
mañana[マニャーナ]明日　39, 123
mercado[メルカード]マーケット　86
mito[ミト]神話　225
mono[モノ]大きな張りぼての人形　224
nivel[ニベル]レベル　49
novela(telenovera)[ノベラ(テレノベラ)]テレビの連続メロドラマ　173, 180
novio/novia[ノビオ／ア]恋人(男性／女性)　188, 217
oro[オロ]黄金　225
padre[パードレ]神父，父　132

pantalón［パンタロン］ズボン 53, 54
papá［パパ］お父さん 114
parada［パラーダ］停留所 94
partido［パルティード］試合 127
pasado mañana［パサード・マニャーナ］あさって 123
pasado［パサード］過去 123
península［ペニンスラ］半島 220
perro［ペロ］犬 49
policía［ポリシーア］警官 132
pretérito［プレテリト］点過去 137
profesor［プロフェソール］教師 164
propina［プロピーナ］チップ 81
reloj［レロホ］時計 60
salsa［サルサ］→〈食〉
soledad［ソレダー］孤独 151
tarea［タレア］宿題 136, 138, 139, 146, 226
tianguis［ティアンギス］路上市場 214
tope［トペ］突起 26
trova［トローバ］音楽のジャンル名 13
universidad［ウニベルシダー］大学 151
zapatería［サパテリーア］靴屋 72
zapato［サパト］靴 72
zócalo［ソカロ］中央広場 120

動詞

asesinar［アセシナール］殺害する 140
barrer［バレール］掃く 84
casar［カサール］結婚する 104
cansar［カンサール］疲れさせる 104
comer［コメール］食べる 144
comprar［コンプラール］買う 135
correr［コレール］走る 88
criar［クリアール］育てる 225
descansar［デスカンサール］疲れをとる 103, 104
deseo［デセオ］私は望む 160
desirse［デシールセ］〜と言われる 155
empezar［エンペサール］始める 144
estar［エスタール］英語の be 動詞（状況を示す） 226
estudiar［エストゥディアール］勉強する 57
hablar［アブラール］話す 144
hacer［アセール］する（英語の do） 135
hay［アイ］ある（英語の there is, there are） 49
inaugurar［イナウグラール］開会する 141
ir（voy）［イール（ボイ）］行く（私は行く） 39, 135, 160
lavar［ラバール］洗う 82
limpiar［リンピアール］掃除する 84
mandar［マンダール］くりかえす 158
morir［モリール］死ぬ 139
nacer［ナセール］生まれる 139
querer［ケレール］好き 144
se muele［セ・ムエレ］（豆などを）挽く 193
ser［セール］英語の be 動詞（性質を示す） 226, 227

significar[シグニフィカール]意味する　155
tienes[ティエネス]きみはもっている　100
venir[ベニール]来る　144
vivir[ビビール]生きる　144

形容詞・副詞

bonita[ボニータ]かわいい　14
cansado[カンサード]疲れている　101-105
casado[カサード]結婚している　100-102, 104
cultural[クルトゥラル]文化の　214
derecho[デレーチョ]まっすぐ　45
descansado[デスカンサード]疲れがとれた　104
difícil[ディフィシル]むずかしい　176
dulce[ドゥルセ]→〈食〉
fácil[ファシル]簡単　176
hambre[アンブレ]腹が減った　227
importante[インポルタンテ]重要な　40
interesante[インテレサンテ]興味深い　40
lindo[リンド]かわいい　186
loco[ロコ]クレージーな　159
miedo[ミエド]こわい　174
mucho[ムチョ]たくさん　49
picante[ピカンテ]辛い　111
poco(poquito)[ポコ(ポキート)]少し　186
rápido[ラピド]速く　87, 88
tarde[タルデ]遅い　44
temprano[テンプラーノ]早い　43

その他

con[コン]英語の with　76
de[デ]英語の of　76

会話的な表現

bien[ビエン]元気です　134
¿entiendes?[エンティエンデス]わかっている？　52, 53, 55
exactamente[エクサクタメンテ]その通り　227
gracias[グラシアス]ありがとう　99
hace calor[アセ・カロール]暑い　37
hola[オラ]やあ　11, 55, 190
mande[マンデ](会話で)もう一回　158
más o menos[マス・オ・メノス]まあまあ　52, 53
no hace frío[ノー・アセ・フリオ]寒くない　37
por favor[ポル・ファボール]お願い(英語の please)　106, 107
pues[プエス]えーっと…　229, 230
¿Qué?[ケ]なにを？　60
se renta[セ・レンタ]貸します　162

se vende[セ・ベンデ]売ります　162, 163
sí[シ]はい　101, 103, 106, 195
verdad[ベルダー](付加疑問で)～でしょう？　156
ya[ジャ]もう(英語の already)　99
〈会話文〉
Canta y no llores.[カンタ・イ・ノ・ジョレス]歌え，泣くな　185
¿Cómo se dice ～ en español?[コモ・セ・ディセ～エン・エスパニョル]～はスペイン語でなんと言いますか？　155
Compro los zapatos.[コンプロ・ロス・サパトス]靴，買います　134
Con permiso.[コン・ペルミソ]ちょっと失礼します　191
¿Cuántos pantalones tienes?[クアントス・パンタローネス・ティエネス]あなたはいくつズボンをもっているのですか？　54
Donald Trump no es abierto.[ドナルド・トランプ・ノ・エス・アビエルト]ドナルド・トランプは開放的ではない　227
¿Dónde está la biblioteca?[ドンデ・エスタ・ラ・ビブリオテカ]図書館はどこだ？　178
Es dulce, ¿verdad?[エス・ドゥルセ・ベルダー]甘いでしょ？　201
¡Feliz año nuevo![フェリス・アーニョ・ヌエボ]新年おめでとう！　32
¡Feliz Navidad![フェリス・ナビダー]メリー・クリスマス！　179
Hay muchos perros.[アイ・ムチョス・ペロス]犬がたくさんいる　46, 49
Hola, chicos.[オラ・チコス]やあ，皆さん　51
¿Hola, qué tal?[オラ・ケ・タル]どう，元気？　134
La ventana está abierta.[ラ・ベンタナ・エスタ・アビエルタ]窓が開いている　226
Lo siento.[ロ・シエント]ごめんなさい　189, 191
Me llamo ～.[メ・ヤモ／リャモ／ジャモ～]私の名前は～です　78, 179
Me(Te) gusta ～[メ(テ)・グスタ～]わたしは(あなたは)～が好き(英語の I like, You like)　195
Me voy.[メ・ボイ]行ってきます　161
¡Muchas gracias![ムーチャス・グラシアス]本当にありがとう！　214
¿Qué hicisite al fin de semana?[ケ・イシステ・アル・フィン・デ・セマーナ]週末はなにしてた？　134
¿Qué hora es?[ケ・オラ・エス]何時？　177-180
¿Qué significa ～?[ケ・シグニフィカ～]～はどういう意味ですか？　155
Que te vaya bien.[ケテバヤビエン]行ってらっしゃい　160
¿Te gusta?[テ・グスタ]気に入った？　195

本書に登場するスペイン語表現

Tengo dolor de hombro.[テンゴ・ドロール・デ・オンブロ]肩が痛い 227
Una cerveza para mí.[ウナ・セルベッサ・パラ・ミ]俺にはビール１本だ 179
Hay muchos tacos en México.[アイ・ムチョス・タコス・エン・メヒコ]メキシコにはタコスがいっぱいある 179
Ustedes no hablan español.[ウステーデス・ノ・アブラン・エスパニョル]あんたたちはスペイン語を話さない 180
Voy a la zapatería.[ボイ・ア・ラ・サパテリーア]靴屋に行きます 134
Yo no sé.[ヨ・ノ・セ]わからない 178

引用・参考文献(登場順)

伊藤千尋『反米大陸——中南米がアメリカにつきつけるNO!』集英社新書，2007

大泉光一・牛島万編著『アメリカのヒスパニック＝ラティーノ社会を知るための55章』明石書店，2005

PBSウェブサイト：http://www.pbs.org/speak/seatosea/americanvarieties/spanglish/book/

青山南編訳『パリ・レヴュー・インタヴューII　作家はどうやって小説を書くのか，たっぷり聞いてみよう！』岩波書店，2015

エドゥアルド・ガレアーノ『収奪された大地——ラテンアメリカ500年』新装版，大久保光夫訳，藤原書店，1991

黒沼ユリ子『メキシコからの手紙』岩波新書，1980

ジャック・ケルアック『オン・ザ・ロード』青山南訳，河出文庫，2010

映画『カルテル・ランド』パンフレット(監督・撮影＝マシュー・ハイネマン，パンフレット編集・発行＝トランスフォーマー，2015)

J. M. G. ル・クレジオ『ディエゴとフリーダ』望月芳郎訳，新潮社，1997

Alejandro Cartagena『Carpoolers』Alejandro Cartagena Studios, 2014

ラス・カサス『インディアスの破壊についての簡潔な報告』染田秀藤訳，岩波文庫，2013

国本伊代『メキシコ革命とカトリック教会——近代国家形成過程における国家と宗教の対立と宥和』中央大学出版部，2009

グレアム・グリーン『権力と栄光』斎藤数衛訳，ハヤカワepi文庫，2004

Wikipedia: https://ja.wikipedia.org/wiki/ブラックパワー・サリュート(2017年7月4日閲覧)

引用・参考文献

エレナ・ポニアトウスカ『トラテロルコの夜——メキシコの1968年』北条ゆかり訳，藤原書店，2005
CNN ウェブサイト：https://www.cnn.co.jp/usa/35066905.html
Wikipedia: https://ja.wikipedia.org/wiki/カリフォルニアロール（2017年7月21日閲覧）
国本伊代編著『現代メキシコを知るための60章』明石書店，2011
CD Journal ウェブサイト：http://www.cdjournal.com/main/cdjpush/-/2000000413（大石始・文，2008年12月17日掲載）
マダジュンコ『モレの国メキシコ』偕成社，2009
水木しげる・絵，大泉実成・文『水木しげるの大冒険　幸福になるメキシコ——妖怪楽園案内』祥伝社，1999
ジョゼフ・ミッチェル『マクソーリーの素敵な酒場』土屋晃訳，柏書房，2017
白井恭弘『外国語学習の科学』岩波新書，2008
オクタビオ・パス『孤独の迷宮』高山智博・熊谷明子訳，法政大学出版局，1982
高山智博『メキシコ多文化　思索の旅』山川出版社，2003
加藤薫『ディエゴ・リベラの生涯と壁画』岩波書店，2011